Franz Schuh

FORTUNA

Aus dem Magazin des Glücks

Paul Zsolnay Verlag

1 2 3 4 5 21 20 19 18 17

ISBN 978-3-552-05820-0

Satz: Eva Kaltenbrunner-Dorfinger, Wien

Druck und Bindung: CPI books GmbH, Leck
Printed in Germany

FORTUNA

Liebkind

In meinem Körper
bin ich die Nummer 1.
Dieses biologische Bündel,
das ich bin
und aus dem ich auch
hervorschaue.
Aber schaut mir
die Mama ins Gesicht,
sieht sie den Papa,
und schaut mir
der Papa ins Gesicht,
sieht er die Mama.
Und alle beide sehen
die Nummer 1.

Save Our Souls

Im Zug nach Gmünd. Über ein paar Schaltern, die nahe beim Ausstieg angebracht waren, standen die Buchstaben zu lesen: SOS. Ein Dummdödl (nicht nachschlagen, das Wort habe ich erfunden) im besten Alter, so um die dreißig, enge Jeans, dicker Rucksack, durchtrainierte Muskeln, auf dem Kopf eine knallrote Baseballkappe, berührte unabsichtlich mit seinem Rucksack einen der Schalter. Sofort erklang ein Messton, hinter dem eine Stimme nicht gerade laut wurde. Die Stimme sagte: »Hallo.« Der Dummdödl erschrak und antwortete im Telegrammstil: »Bin angekommen am Schalter.« »Hallo«, sagte da die Stimme, und Dummdödl darauf: »Irrtümlich angekommen.« – »Hallo« – »Irrtümlich angekommen«, und wenn sie nicht gestorben sind, dann sind sie immer noch »irrtümlich angekommen«.

Ich schreibe über das Glück

Ich schreibe über das Glück, erstens weil ich Glück hatte, und zwar so viel, dass ich damit bis jetzt dem unvermeidlichen Unheil trotzen konnte. Zweitens weil ich den Eindruck habe, dass das Glücksstreben alle Menschen gemeinsam haben, dass aber das Glück die Menschen auch voneinander trennt, weil nicht alle, wahrscheinlich nur die wenigsten Menschen halbwegs glücklich sind. Es zeigt sich, behaupte ich, wie im Wort »Glück« vieles von dem ineinanderfließt, was man von der menschlichen Existenz wissen kann und vielleicht sogar wissen sollte. Von der Ablehnung des Wortes »Glück« bis zu seiner spekulativen Ausbeutung und zur endgültigen Banalisierung reicht die Bandbreite, reicht das Bedeutungsgelände, das ich auf einigen Verzweigungen abschreiten werde.

Es ist erstaunlich, wie sehr man in einem Lebenslauf auf Glück (oder auf das, was »Glück« genannt wird) angewiesen ist. Ein Versuch, durchs Leben zu kommen, ist es daher, sich vor Glücks- und Unglücksfällen abzuschirmen. Der Versicherungsgedanke resultiert daraus, und es gibt sogar eine »Lebensversicherung«. Politiker benützen gerne die Redewendung, sie müssten (oder sie würden dieses oder jenes) »sicherstellen«. Man will das Glück, will sich aber aufs Glück nicht verlassen (müssen). Immerhin existiert eine gigantische Glücksindustrie, nicht nur für die Reichen und Schönen, auch die Armen werden massenmedial billig mit Glück (oder besser: mit Glücksersatz) versorgt. Die Lehre, die dahintersteckt, kann zynisch sein, dass es nämlich viele Menschen gibt, denen nur das Glück, das sie nicht haben werden, helfen könnte.

In diesem Buch, in »Fortuna – Aus dem Magazin des Glücks«, geht es weniger darum, wie man glücklich wird, wer weiß das schon? Es hat mich die Frage beschäftigt, warum denn Immanuel Kant bei der Glücksfrage so wenig seine definitorische Formulierungskraft einsetzt. Der kategorische Imperativ – »Handle so, dass die Maxime deines Willens jederzeit zugleich als Prinzip einer allgemeinen Gesetzgebung gelten könne« – ist ein Sprachkunstwerk, das unübertrefflich die unendlich vielen Fälle des Handelns in einer sprachlichen Form vereinigt. Das Glück lässt sich Kant entgehen, weil er in ihm in erster Linie die Kontingenz, das Zufällige sieht, fast nach dem Motto: Was soll's – jeder ist mit etwas anderem glücklich, wie sollte da eine einheitliche Formulierung lauten?

Man muss Kant verstehen: Er hatte es mit der Vernunft so intensiv, wie es ein paar hundert Jahre später der österreichische Bundeskanzler Bruno Kreisky mit der Vollbeschäftigung hatte. Mit jeder Faser von Herz und Verstand fürchtete sich Kreisky vor Arbeitslosigkeit und vor dem, was durch sie in einer Gesellschaft geschehen kann. Ich glaube, Kant hatte einen Horror vor dem, was unter Menschen passiert, deren Handeln nicht auf Vernunft gegründet ist. Wie handeln sie dann? Wie Tiere, vielleicht sogar lüstern, lasterhaft, dem Glück ausgeliefert? Oder gar bestialisch?

Die Ethik der Pflicht ermöglicht diesen gefährlichen Spielraum nicht. Pflicht ist Vernunft in der Moral, und die Vernunft ist die Quelle der Autonomie, der menschlichen Freiheit, die sich bei allem notgedrungen Sinnlichen nicht einstellt. Nichts gegen das Sinnliche, aber eine Philosophie machen wir daraus nach Kant nicht. Kant musste »sicherstellen«, dass die Natur den Geist nicht übertrumpft. Lieber streng und preußisch, auf keinen Fall ein Genussmensch sein, dessen Horizont von Wohlfühlen oder Nicht-Wohlfühlen bestimmt ist.

Das kann man verstehen, aber man kann auch behaupten, dass so ein nicht von der Hand zu weisendes Konzept, auch weil es von mir einseitig, geradezu dogmatisch dargestellt ist, einem die Lebensfreude verderben kann. So ein Konzept, falls es einseitig hingenommen wird, kann wie eine paradoxe Intervention wirken: Jetzt erst recht will man nichts von Pflicht wissen und strebt nach dem Glück, egal was es (die anderen) kostet. Die forcierte Pflichtethik kann ihr Gegenteil bewirken: Nieder mit dieser die Lebensquellen austrocknenden Vernunft, es lebe das sinnliche Vergnügen.

In der Literatur, bei Thomas Mann, gibt es eine Stelle, in der der Übergang vom Glück zur Pflicht einprägsam dargestellt ist. Es geht um das »Wulicke-Syndrom«. Ich glaube, dass im Werk und in der Person von Thomas Mann die Frage, wie man sein Leben *führen* soll, beispielhaft zum Thema wird. Thomas Mann stellte sowohl durch die eigene Biographie als auch durch das Leben seiner Figuren vor Augen, dass es ein wie immer auch gefährdetes Modell gibt, das eine vernünftige Lebensführung ermöglicht: Es ist das Modell der Bürgerlichkeit.

Der bürgerliche Mensch in seinem an der Pflicht ausgerichteten Denken und Handeln ist heute im Wesentlichen eine Erinnerung. So etwas gibt es noch in Ansätzen, im Ganzen ist der selbstbewusste und pflichtbewusste Bürger von gestern. Der Bürger, der durch Arbeit und Fleiß zu Besitz und Wohlstand gekommen ist, bleibt ein zitierbares Ideal, aber in unserer Welt von Managern und zur Macht gekommenen Kleinbürgern ist er eine verblasste soziale Realität.

Auch Thomas Mann hat das Bürgertum nicht verherrlicht, sondern es in seiner Widersprüchlichkeit und Anfälligkeit, also in seiner Auflösung gezeigt. In den Jahren 1896 bis 1900 schrieb der Dichter – als noch sehr junger Mann – den Roman »Buddenbrooks«, der den Untertitel »Verfall einer Familie« trägt. In dem Verfall verlieren die Buddenbrooks alles, auch ihre Gesundheit. Es ist erstaunlich, wie stark das Zusammenspiel von Krankwerden, von körperlichem Verfall, von seelischer Überempfindlichkeit und von gesellschaftlichem Abstieg bei den Buddenbrooks ausgeprägt ist. Das ist für mein Verständnis sozialdarwinistisch (und gar nicht humanistisch) gedacht, woraus man vielleicht herauslesen kann, dass ein Zeitgeist stärker sein kann als eine noch so redliche Absicht.

Hanno Buddenbrook jedenfalls, der Sohn des Thomas Buddenbrook, ist ein übersensibler Gymnasiast. Sein Vater war der Letzte in der Kaufmannsfamilie, der versuchte, alles in der Familie und im Geschäft auf die bürgerliche Weise, korrekt und pflichtbewusst, kalkulierend und zugleich herzlich zusammenzuhalten. Auch die Geschäftsführung unterliegt der Dekadenz. Er ist daran gescheitert, und im jungen Leben seines Sohnes Hanno zeichnete sich zusätzlich der Zeitenwandel ab, und zwar durch besagtes »Wulicke-Syndrom«.

Das Gymnasium, das Hanno Buddenbrook besuchte, erfuhr nämlich, nein, erlitt einen Paradigmenwechsel, einen grundlegenden Wandel des pädagogischen Ideals. »Damals«, so heißt es im Roman, »war Doktor Wulicke, bislang Professor an einem preußischen Gymnasium, berufen worden, und mit ihm war ein anderer, ein neuer Geist in die alte Schule eingezogen. Wo ehemals die klassische Bildung als ein heiterer Selbstzweck gegolten hatte, den man mit Ruhe, Muße und fröhlichem Idealismus verfolgte, da waren nun die Begriffe, Pflicht, Macht, Carrière zu höchster Würde gelangt, und der ›kategorische Imperativ unseres Philosophen Kant‹ war das Banner, das Direktor Wulicke in jeder Festrede bedrohlich enfaltete.«

Thomas Mann sieht hier etwas voraus, was er zur Zeit der Niederschrift im vollen Umfang gar nicht wissen konnte: die Verhärtung, ja die Militarisierung, wie sie zum Ersten Weltkrieg führte und über diesen hinaus – in den zweiten Krieg. Der Wechsel der Anschauungen stellt sich in der Gymnasialbildung dar als die Ablöse der antiken Glücksethik durch eine preußische Pflichtethik, die sich auf den kategorischen Imperativ Kants berief.

Kants Imperativ, wenn man ihn wie Doktor Wulicke verengt interpretiert, hat etwas freudlos Hartes, und was immer das näherhin bedeutet, es bedeutet nicht, dass das beliebte Motiv des Handelns, nämlich glücklich zu werden, auch nur eine Nebenrolle spielt. Es spielt gar keine Rolle mehr, und alles, was an einen heiteren Selbstzweck erinnern könnte, ist ausgeschlossen. »Die Schule«, schreibt Thomas Mann, »war ein Staat im Staate geworden, in dem preußische Dienststrammheit so gewaltig herrschte, daß nicht allein die Lehrer, sondern auch die Schüler sich als Beamte empfanden, die um nichts als ihr Avancement und darum besorgt waren, bei den Machthabern gut angeschrieben zu stehen.«

Gesetz und Pflicht waren das Thema, begleitet von einer Selbstentmächtigung mit dem Zweck, den Machthabern zu gefallen, flankiert von einer Selbstverbeamtung, die keinen Zweifel daran lässt, dass man zu funktionieren gedenkt.

Draußen bleiben muss das Glück, um das es heute im Übermaß zu gehen scheint, sodass man fragen kann: Kommt wieder ein Paradigmenwechsel, vom kleinen massenhaften Glück in die Anbetung kategorischer Strenge? Von der halblustigen liberalen Gesellschaft zur illiberalen Demokratie, deren antiquierter Ernst und aufrufendes Pathos man schon über die Zäune hören kann, die gegen Flüchtlinge errichtet worden sind?

Leidenskraft und Lebenswille

»Leidenskraft und Lebenswille« – unter diesem Titel wollte ich ein Buch veröffentlichen, das im Untertitel gut und gerne »Aus dem Magazin des Glücks« hätte heißen können. Aber Fachleute aus dem Verlagswesen erklärten: Sowas geht nicht! Da kann man ja gleich ein Buch »Verstörung« nennen. Wer würde schon einen Band »Verstörung« kaufen, die Leute wollen eine Hetz und keine sich selbst auskostende Depression. Besser fand ich einen anderen Einwand: »Leidenskraft und Lebenswille« – das klinge nach Esoterik-Branche, nach sektiererischem Spiritualismus. Um Gottes willen, dachte ich, was habe ich mir denn gedacht bei »Leidenskraft und Lebenswille?«

Ich fand den Zweiklang der Worte schön, und auch, dass sinngemäß die Leidenskraft an den Lebenswillen erinnert, denn rein klanglich fehlt der Leidenskraft nicht viel zur Leidenschaft, und Leidenschaft ist wohl einer der Gipfelpunkte des Lebenswillens, der Lebenskraft. Aber das Schönste ist, dass nach meinem Verständnis zusätzlich zu den nicht wenigen Kräften, die einen Menschen ausmachen, tatsächlich so etwas wie Leidenskraft dazukommt.

Leidenskraft gibt es, und ein Missverständnis, an dem ich durch diese Wortwahl selber schuld bin, kann ich aufklären: Leidenskraft in meinem Sinn bedeutet nicht Duldsamkeit, bedeutet überhaupt nichts, was man einfordern könnte, etwa nach dem Motto: Reiß dich zusammen, das musst du doch aushalten!

Vielleicht ist es ein Privatmythos, kommt doch die Leidenskraft in meinem Fall aus der sogenannten persönlichen Erfahrung: Als ich krank war und darniederlag, war das nicht so, wie ich es mir vorgestellt hatte. Man liegt eben nicht da wie nichts und ist vom Schmerz befallen. Man hat Schmerzen, aber man nimmt sie nicht passiv hin.

Auch wenn man selbst, aus sich heraus, nichts gegen die Schmerzen tun kann, entwickelt man einen Widerstand gegen sie. Wenn dieser Widerstand erlahmt, dann hat einen die Leidenskraft verlassen, und ich spreche von einer psychischen Kraft, wohl wissend, dass es auch einen physischen Widerstand gibt, der, wenn man Glück hat, von den medizinischen Behandlungen (mit) in Gang gesetzt wird.

Für mich war das erstaunlich, dass man nicht einfach krank ist und passiv das Kranksein erträgt. Der Kranke mobilisiert noch in seiner Ohnmacht Kräfte. Diese Mobilisierung macht die Leidenskraft zum Partner des Lebenswillens. Leidenskraft und Lebenswille: ein Tandem, wenn man will.

»Es gibt nur *einen* angeborenen Irrtum, und es ist der, dass wir da sind, um glücklich zu sein.« Das hat Arthur Schopenhauer gesagt, ein Philosoph des 19. Jahrhunderts. Ihm verdanke ich den ach so weit ausholenden Begriff »Lebenswille«. Mit diesem Willen soll uns der Irrtum, wir seien zum Glück auf der Welt, angeboren sein? »Angeboren ist er uns«, sagt Schopenhauer, »weil er mit unserm Dasein selbst zusammenfällt, und unser ganzes Wesen ist eben nur seine Paraphrase, ja unser Leib sein Monogramm ist: sind wir doch eben nur Wille zum Leben; die sukzessive Befriedigung alles unsres Wollens aber ist, was man durch den Begriff des Glückes denkt.«

Das Glück liegt in den Genen, aber wer darüber nachdenkt, kommt vielleicht dahinter, dass die Verhältnisse nicht so sind. Überall, wo man sich mit Elan, also mit Lebenswillen, engagiert, kann man seine Enttäuschungen erleben, und vollkommen enttäuscht ist nach Schopenhauer der Weise. Der Weise weiß, Schmerz und Trübsal machen das Leben aus, und er negiert den Lebenswillen. In dieser Negation, in der Abwendung vom Leben, kann er sich dem geistigen Leben widmen, der Philosophie und dem Schönen. Das allein, so Schopenhauer, macht ein Leben erträglich, in dem der Tod das letzte Wort hat.

Schopenhauer am Inn

Eines Morgens
hatte es den Himmel aufgerissen
»frühmorgens, der Wolkenschleier reißt«,
schrieb Schopenhauer an einer Stelle,
an der keiner es vermutet hätte.
Er schrieb es mutig und unvermutet.
Ich behaupte, frühmorgens.

Überrascht,
»Die Welt als Wille und Vorstellung« in der Hand,
ein Exemplar der Reclam-Reihe,
das Mehrwert hat,
denn es steht im zweiten Band
gedruckt als Vorankündigung
für das kommende Buch
auf der allerersten Seite
des Exemplars
»Die Welt als Wille und Vorstrellung«
wie Prellung / schon der Titel verdruckt –
zitatenreif die orthographische Verstrellung.

Eines Morgens
hatte es den Himmel aufgerissen.
Am Morgen schien's
wie über Nacht.
Doch so ein Anschein
spart das Morgengrauen aus

mit dem naturgemäß/selbstverständlich
ein jeder Tag beginnt: das Morgengrauen

die Straßen sind leer
der Fluss im Nebel
eine Hexenküche
noch ungewiss
was sie auskocht

Über die Unendlichkeit der Liebe
ein Monolog
und über die Beschränktheit der Natur,
die sogar mein armer Körper abschütteln kann
bis zu gewissen metaphysischen Graden,
die keiner vorher von sich kennt
(die keiner von sich gekannt haben will),
ein Dialog.

Der Intellekt,
der zur Trommel tanzt,
als wäre er der Wille selbst,
wird zur Trance / und die Trance
zur Demenz. Was ist der Mensch? –
vor dem Mittagessen
kann sich einer wie geboren fühlen

Durch das graue Licht hindurch
kam die Sonne und eroberte sich heute
den Tag. Das Licht, ihr Leute, geht auf meine
    Kosten.
Ich bezahle gern mit der Buchhandlungsrechnung

für den Schopenhauer. Die Welt als Wille und
Vorstellung
in der Hand / das verdruckte Sonderheft
der Reclam Vorstrellung / die Philosophie
im Griff / glücklich / unglücklich
saß ich nachmittags auf der Terrasse.

Die Schwermut von Berufs wegen
omnes ingeniosos melancholicos esse
(alle nennenswerten Geister sind traurig)
wich der ruhigen Freude,
dass der Schnee auf einmal
im Sonnenlicht weiß war,
so weiß, dass er in den Augen,
die sich freuten,
schmerzte.

Auch die Kälte
war im Sonnenlicht freundlich
und mein Körper,
geschweige denn die Seele,
suchten im Freien
keinen Schutz,
sondern zu dieser Jahreszeit schon
»die Außenwelt«.

Die schneebedeckten Ufer
begleiten den Fluss.
Auf dem Wasser
sehe ich ein Lichtspiel.
Sonne und Schatten. Der Fluss

spiegelt. Mein Leben lang
habe ich Spiegelungen
gerne gehabt.

Reflexionen. Nach langer Sehnsucht
nach dem Licht schwingt jetzt
in der Empfindung
schon Enttäuschung mit.
Das wird's am Ende auch nicht sein,
was mich beruhigt. Im Halbfertigen
die Vollendung suchen
nimmt kein Ende: Es gibt
kein Glück.

Die Geometrie der Schwäne:
Zwei fliegen voran und bilden die Spitze.
Sie fliegen nicht weit voneinander entfernt.
Und dann, in viel größerem Abstand
als zwischen den ersten beiden,
folgt die Nachhut, ein Schwan nach dem anderen,
zwischen ihnen der gleiche Abstand
wie zwischen den Schwänen an der Spitze.

Es ist das Glück.
Der Winter ist vorüber
wenn auch fürs Erste
nur im Augenblick. Ein Februar
ist lang, halbfertig auch
die Winterwende. Das spiegelnd Eisig-Klare
ist im Fluss, eine Folge der Illumination,
die vom Himmel kommt. Das Sonnenlicht

als Licht schon stark
zu schwach noch für die Wärme.

Dieser gnadenreiche Ort,
an dem Verlust in Verzicht übergeht
bis der Unterschied davon vergeht
und ein Subjekt – souverän –
leiden kann. Im Bewusstseinsstrom
auf einmal ein Wackelkontakt:
Einen Stock höher steht der Mann
mit Einblick auf meine Terrasse –
Die männliche Stimme telefoniert:
»Servus. Pfiat God« lautet
plötzlich ein Abschied über mir.

Ein Schmerz. Eingespeichert im Nokia
trage ich die Nummer meines Orthopäden
bei mir. Lachend hat er mir
eines Tages ins Gesicht gesagt
seine Behandlung wirke nicht
auf Krankenschein. So wurde ich
sein Privatpatient. Es gibt für alles
eine Lösung.

Schopenhauer, der Schmerzspezialist.
»Durch Selbstbeobachtung
unserer Person können wir uns
dessen gewiss werden,
was wir letzendes sind.« Das steht
im Wikipedia – unter Schopenhauer.

So eine Verwirrung.
Ich denke, »letzen Endes«
sind wir tot. Oder diese eine Person,
die »wir« haben oder sind. Und das können
wir niemals »an uns selbst«
beobachten. Vom Privatpatienten
zum Privatdozenten (der Schopenhauer
von 1820 bis 1832 an der Uni Frankfurt war).
Dem Tod sagte er nichts Schlechtes nach.
Wenn was uns, sagte er,
Wenn was uns den Tod
so schrecklicklich erscheinenen lässt
der Gedanke des Nichtseyns wäre
so müssten wir mit gleichem Schauder
der Zeit gedenken da wir noch nicht
waren. Denn es ist unumstößlich
gewiss, dass das Nicht-Seyn nach dem Tode
nicht verschieden sein kann
von dem vor der Geburt,
folglich auch nicht beklagenswerter.

So bin ich privat auch.
Wenn ein Schmerz mich quält
interpretiere ich ihn
damit er weniger wehtut.
Aber es hat noch nie geholfen.
Wie ich mich auch drehe und wende
der Schmerz kommt wieder,
und zwar haargenau an die Stelle,
von der ich sagte
hier ist doch nichts.

Es ist, sage ich im Seminar
zu Professor Kampits,
einer der freundlichen Fehlschlüsse
im philosophischen Elend. Das Leben
das zwischen dem einen Nicht-Seyn
und dem anderen Nicht-Seyn war
macht den ganzen Unterschied:
La différence (so heißt auch
ein Restaurant in Köln.)

Im Sommer spielen
drüben die Kinder – dort,
wo ein Bach aus dem Gebirge
in den Inn fließt. Auf der anderen Seite des Flusses
ist dieser Platz jetzt leer. Wie lange
dauert so ein Nachmittag? Ungefährlich
ist das Wasser: kein Strudel, kein Fluss.
Dort steht das Wasser,
wo ein Bach aus dem Gebirge einfließt,
und die Kinder sind sicher.

Sicher. Da kommen noch
ganz andere Tage.
Wie lange dauert dieser Nachmittag?
Aber hier und jetzt
Wär's momentan egal. Das werden
andere noch erleben, das erste helle Licht
im Jahr. »Freiluftgedanken« – viele nach mir,
die leben und mich überleben,
werden nach mir / mit eigenen Augen
das Licht, den Fluss vielleicht noch klarer sehen.

Ich kann mir diesen Augenblick
nicht patentieren lassen. So ein Moment
ist niemals exklusiv. Es scheint bloß,
dass er mir allein gehört – eines Nachmittags
um 16 Uhr.

Im Reclam-Heft blättere ich die Seite um.
Unlösbare Beklommenheiten, Größe,
aber nach welchem Maßstab? Unlesbare
Beklommenheiten. Summe *eines* Lebens
aber auf verquere Weise,
auch das anderer, die am Weg dabei waren,
die in den Fortschritt hineinpfuschten.
An diesem Nachmittag bin ich eine Zeit lang
Schopenhauers Sargträger. Ich trage ihn
über den Inn, hinüber nach Deutschland.
Er ist an diesem Nachmittag
150 Jahre tot – »ein Jubiläum« nennt man sowas
in Wien.

Schopenhauer, der alte Tote,
hat gut reden,
wenn er aus seinem Grab
aus der bequemen Lage
seines perfekten Nicht-Seyns
(Seyn eben mit y und nicht mit i)
uns die Botschaft zukommen lässt,
Daseyn wäre nichts
als ein ephemerer Lebenstraum,
und uns zusätzlich
den Kalauer des Grauens übermittelt:

»Klopfte man an die Gräber
und fragte man die Toten,
ob sie wieder aufstehn wollten,
sie würden mit den Köpfen schütteln.«

Zum Glück
sind die Allerweltsschmerzen,
die Allerweltszusammenbrüche,
die Selbstzerstörungen,
die haben sein müssen,
bis auf weiteres nicht vererbbar.
Die Toten sind in unseren Köpfen
klinisch rein, aber Achtung,
was von ihnen lebendig erscheint,
will immer noch anstecken, infizieren.
Die Vögel kreischen im Chor.
Kein Solist dabei, keine Hungerkrähe.
Die Spechte schweigen noch im Walde.
Bald schmilzt der Schnee auf der Terrasse
und eine kurze Zeit noch
wird im Holz das Muster bleiben,
das er von diesem Winter hinterlässt.

Sommerlicher Nachtrag

Der Lärm der Badenden
auf der anderen Seite des Inns
wird mir plötzlich heilig.
Da ist kein »Wille zum Leben«,
der auch seine dunklen Seiten hat

(dieser Sog zum Nicht-Seyn), diese Seite
auf denen dann ein »Tristan« steht.
Grandiose Note für grandiose Note.
Die Kakophonie der Badenden
ihre Rufe, alles ein Spiel
zum Eintauchen und Abkühlen,
das zu nichts führt
und verschlossen bleibt
in diesem Hochsommertag
der bald nur noch der Erinnerung
offensteht.

Mariahilfer Straße

Das Ende des Lebens meiner Eltern begann lange vor ihrem Tod. Es war ein Zufall, aber ich war dabei, als meiner Mutter eine Routinehandlung zum ersten Mal nicht gelang: Sie hatte oft in ihrem Familienleben faschierte Laibchen gemacht, und jetzt stand sie da und hatte auf einem Teller etwas angerichtet, von dem sie nicht wusste, wie es damit weitergehen sollte. Das war ein Wendepunkt, und der Vater trachtete, diese Wende, solang es ging, nicht zur Kenntnis zu nehmen. Während die Krankheit meiner Mutter immer mehr Raum einnahm, hielten wir uns (der Rest der Familie, ohne Mutter) zumindest ohne ihre bewusste Teilhabe an den eingebürgerten Ritualen fest. Am Heiligen Abend ging ich zu Fuß den Weg durch die Mariahilfer Straße in die Vorstadt, um bei den Eltern zu sein. Es war eine Ein-Mann-Prozession zu den eigenen Ursprüngen. Unterwegs befiel mich eine Einsamkeit, mit der ich glücklich war, weil sie am Ende einer feierlichen Stimmung doch sehr nahe kam.

Von Königen

»Doch im Gesicht trug er den Stempel des Irrsinns.« Das ist ein Satz, für mich ist es *der* Satz in Arno Geigers Buch »Der alte König in seinem Exil«. Meine Ergriffenheit von diesem Satz hat einen persönlichen Grund: Während mein Vater im hohen Alter seinen messerscharfen Verstand behielt, ja, ihn zur Schärfung seiner Paranoia, mit der er nicht immer nur falsch lag, benützen konnte, verfiel meine Mutter geistig über Jahrzehnte hinweg.

Das dreifach Dauerhafte ihres Lebens: erstens ihre hilflose Güte (die ihrer Hilflosigkeit wegen eben auch gegenstandslos war – eine Güte, die sich auf nichts und niemanden bezog); zweitens ihr lange, lange dauernder geistiger Verfall; und drittens die aussichtslose, aber unabänderliche Bindung an den Vater, der ein absoluter Herrscher über sie und alle ihre Angelegenheiten war. Am Ende saß ich meiner Mutter gegenüber und blickte hilflos in ihr Gesicht, das den Stempel des Irrsinns trug.

Der besagte Satz vom Irrsinn fällt in Arno Geigers Buch nach einem Bericht über eine Aktion des Vaters, der sich in einem signifikanten Stadium seiner Alzheimererkrankung ins Badezimmer eingesperrt hatte: »Er saß auf dem Badeschemel. In langer Hose und weißem ärmellosen Unterhemd, an den Oberarmen hing die Haut herunter, aller Spannkraft beraubt. Zwei Handtücher hatte er sich martialisch um den Hals gebunden, in der einen Hand hielt er eine nach oben aufgerichtete Rückenbürste, in der anderen Hand einen Nagelzwicker, dessen Nagelfeile ausgeklappt war. Er sah jetzt

tatsächlich wie ein König aus – mit Zepter und Schwert. Doch im Gesicht trug er den Stempel des Irrsinns.«
Ich kenne aus der Krankengeschichte meiner Mutter einige Szenen, in denen sich mitten in einem Leben, das als normal durchgeht, der Irrsinn Platz schafft und alles andere zudeckt und man unweigerlich daran erinnert wird, wie nahe man dem Irrsinn selber schon gekommen ist und wie unberechtigt, ja, spießig die Hybris ist, mit der man sich auf seine Gesundheit Tag für Tag verlässt. Eines Tages kam die schamvolle Frau, meine Mutter, aus dem Klo, und aus ihrem Hintern hing eine endlose Klosettpapierrolle. An der Stelle fällt mir ergänzend ein, dass die Schwestern der Caritas jeden Kontakt zu uns abbrachen, weil der Vater in seinem autoritären, vollkommen unempathischen Ton auf dem Caritas-Stützpunkt, den er wütend gestürmt hatte, herumschrie, dass die Caritas in unserer Küche vergessen hatte, einen Haufen Scheiße aufzuwischen. Der Vater war nicht eine Sekunde in der Lage, den Rechtsanspruch, den er ja hatte (hatte er nicht einen Vertrag unterschrieben?), mit dem abzuklären, was an der professionell ausgeübten Hilfeleistung eine stete Überforderung des Menschenmöglichen war.
Geigers Buch ist für mich nicht nur wegen des Wiedererkennungswerts wertvoll. »Der alte König in seinem Exil« ist für mich auch in einer theoretischen Frage maßgeblich: Zu welcher Gattung nämlich gehört dieses Buch? Auf keinen Fall ist es ein Buch der Avantgarde, die mit dem Anspruch leben muss, mit jedem Text auch die dazugehörige Gattung neu zu erfinden – siehe zum Beispiel Konrad Bayers »der sechste sinn«, bei dem schon der Titel sagt, die fünf Sinne allein reichen nicht, im Wesentlichen geht es um einen sechsten.

Geigers Buch ist kein Roman, aber er ist auch kein Tatsachenbericht. Ich glaube, es ist ein Text auf einem hohen künstlerischen Niveau, der entschieden und jenseits der Gattungsgrenzen eine der Grundfunktionen von Literatur wiederbelebt, nämlich die Unterhaltung über die Conditio humana, über die Verfasstheit des menschlichen Lebens, genauer, die Aufforderung zum Austausch der Meinungen darüber. Da das Problem, genannt Alzheimer, sehr real ist, ist der Bericht von einer realen Erfahrung, von der Krankheit eines Vaters oder einer Mutter, eher angemessen als eine Fiktion, die ja selber schon ein Ausweg aus der Wirklichkeit ist. Nie saß ein Autor, um von einer Krankheit zu erzählen, mit größerer Berechtigung in so vielen Talkshows wie Arno Geiger.
Die Frage nach der Form des Buches ist eine Frage nach der künstlerischen Mühewaltung. Man kann mir eine Tendenz vorwerfen, dass Leid an elterlichem Alzheimer gepachtet zu haben und es nur mit einer künstlerischen Größe wie Geiger teilen zu wollen. Aber, Gott helfe mir, ich kann nicht anders: Wenn eine dieser Schauspielergrößen in einem Fernsehfilm oder auf der Theaterbühne den Dementen mimt, dann kommt mich, wie man in Wien sagt, der Schiach an. Ich sah einen Fernsehfilm, da wurden schön langsam die Insignien, ach, die Indizien der Krankheit vor Augen geführt, zum Beispiel eine Brille im Eiskasten.
Ich fand die Brille im Eiskasten inmitten der Tiefkühlkost billig und obszön. Der Trick, die private Vitalität eines Schauspielkünstlers einzusetzen, um im Film den schlagenden Beweis ihres Verfalls zu simulieren und zu illustrieren, und das alles im Rahmen formal konventioneller Darstellerei, ohne Mühewaltung, bringt mich auf die Idee eines Bilderverbots. Die Gesellschaft und erst recht ihre Kultur ist

vom Schauspielen stigmatisiert, entseelt, und es wäre nicht schlecht, unterließen die Routinekünstler ihre Auftritte auf einem Gebiet, in dem der Ernst des Lebens bis zur Undarstellbarkeit herrscht.

Genau daran, genau an diesen totalitären Ernst, will uns Geigers Buch nicht glauben lassen, und es ist kein Einwand gegen seine Leistung, dass er es leichter hatte, weil auf dem Land die Geborgenheits- und Integrationsmöglichkeiten für einen alten Menschen ungleich größer waren, als sie es, wie bei meinen Eltern, in der teuflischen Zelle einer Wiener Gemeindebauwohnung sein konnten.

Fast unbemerkt steht in Geigers Buch auch eine kurze Abhandlung über eine Glücksfrage, die eine der wesentlichen ist und die oft keine Antwort findet. »Meinen Eltern war vor der Hochzeit nicht in den Sinn gekommen, darüber nachzudenken, was passiert, wenn zwei unterschiedliche Vorstellungen von Glück aufeinandertreffen. Die Zutaten für mögliches Glück brachten beide mit. Bei näherer Betrachtung zeigte sich jedoch, dass die Zutaten zu verschiedenen Arten von Glück gehörten, zu entgegengesetzten. Schließlich war jeder für sich unglücklich.«

Nichts ist ungeheurer als der Mensch. Das gilt einerseits, und vielleicht kann man es auch begütigend sagen: Nichts ist für den Menschen ungeheurer als seinesgleichen. Andererseits haben es die Ungeheuer im Laufe der Zeit geschafft, einander auch so etwas wie ein Glücksversprechen zu sein. Das Glück soll sich vertragen mit einer kalkulierbaren Ordnung der sexuellen Dinge und mit dem Kinderkriegen und dem Kindererziehen. Dieses Glück heißt Eheglück, und es ist oft die Hölle, zum Beispiel als »die perfekte Dissonanz der Lebensträume«, wie das Arno Geiger nennt, der sich auch

sagen muss: »Über eine Ehe zu schreiben, die gescheitert ist, mutet an, als kehre man kalte Asche zusammen.«
Diese kalte Asche ist der Treibstoff meiner Lebensgeschichte. Mein Vater war nicht in der Lage, sich seinem Unglück gegenüber zu öffnen. In aller Ambiguität behielt er es für sich und warf es anderen vor, nicht zuletzt der Mutter. Wäre sie nicht krank gewesen, dann hätte er doch das schöne Leben gehabt, das ihm gebührte. Er hatte keine unglückliche Ehe, er nicht, und während er beredt war, wurde die Mutter im Laufe der Jahre sprachlos. Am Ende hatten ihre Wörter keinen Sinn, aber ihre Stimme war aussagekräftig, weil sie von einem kreatürlichen, ja tierischen Abgrund widerhallte. Der Vater hielt eisern, geradezu übermenschlich zur Mutter, versuchte ihre immer steiler werdenden Lebenskurven mit zu bewältigen. Als er aber – im Wilhelminenspital – in seinem zukünftigen Totenbett lag und der Zufall es gewollt hatte, dass seine Frau in einem anderen Gebäude desselben Spitals untergebracht war, wurde er gefragt, ob er sie denn nicht sehen wolle. Er verneinte mit der Begründung: »Wos bringt des an Krankn?«

Meiner Söö

I hob vom liabn Gott
den Geist bekommen,
der mir den Körper
tut verwalten.
Meiner Söö
ab und zu
ein Achterl Rotwein
oder a Zigarre,
        des muss schon sein
        des muss scho drin sein.
Mein Vater hat mich gelehrt,
der Vodda der Vodda,
Weine!, mein Sohn, weine!
Und i wein sehr gern.
Meiner Söö, Muadda,
was wan i gern.
Dann füühl i mi afoch wohler
weil angesammelter Seelenschmutz
mit dem Tränenfluss außikummt,
außirinnt. Meiner Söö.

Last, Lust, List

Die mir liebste Sprech-Schau, sprich Talkshow, ist nach ihrer Moderatorin benannt. Sie heißt »Stöckl«, und bei ihr war Lotte Tobisch zu Gast. Lotte Tobisch ist vormals, in früheren Zeiten, Schauspielerin am Burgtheater gewesen, aber so richtig berühmt wurde sie viel später, nämlich in der Zeit, da sie die Organisatorin des Wiener Opernballs war. Nach ihrer Demission von diesem gewiss erschöpfenden Job blieb sie in Österreich eine Person von öffentlichem Interesse. Ich verehre sie ihrer klaren Urteile wegen und auch deshalb, weil sie vor Augen führt, dass hohes Alter kein Fluch sein muss, sondern eine Daseinsmöglichkeit sein kann.

Außerdem verehre ich sie, weil sie eine Freundin des Philosophen Theodor W. Adorno gewesen ist, weil sie also einem Menschen nahe war, dessen geistige Nähe ich durch die Lektüre seiner Bücher suche. Bei »Stöckl« sagte Lotte Tobisch einen Satz über das Alter, dessen Prämissen ich weiterspinnen möchte: Im Alter, sagte sie, könne man Freude haben, aber der Spaß sei einem vergangen. Spaß, so fasse ich es zusammen, habe man also im Alter nicht, was jedoch durch die Freude, die man noch haben kann, aufgewogen wird.

Dialektisch denkend, wie Adorno, also Gegensätze zusammen-denkend (und sie zugleich auseinander-haltend), könnte man hier die etwas verkommene Wendung vom »Spaß an der Freude« einwenden und im Ernst sagen: Spaß ohne Freude ist schal, und Freude ohne Spaß ist so etwas wie Heuchelei, bei der man vorgibt, ein tieferes Gefühl zu haben, nur weil man an der Oberfläche gar nix empfindet. Damit ist man bei Nietzsches Vorwurf an die Christen: Diese hätten ein Evangelium, also eine Frohbotschaft, aber dass sie erlöst wären, merke man ihnen nicht an, weil sie griesgrämig ihr Leben führten. Sie müssten, sagte Nietzsche, »erlöster aussehen, wenn ich an ihren Erlöser glauben soll«.

Es gibt ein Drittes, das sich von Freude und vom Spaß unterscheidet, das weder das eine ist noch das andere, an dem aber beide, Spaß und Freude, beteiligt sind. Das ist: die Lust, und die Lust, so wiederum Nietzsche, will angeblich »tiefe, tiefe Ewigkeit«. Lust sei also auf die Einheit von Dauer und Augenblick angelegt. Falls das stimmt, dann sind Menschen überaus dialektische Wesen: Ausgerechnet Lust, die wie nichts vergeht, soll Menschen eine Ahnung davon geben, wie es wäre, stünde die Zeit endlich still?

In der Philosophie kennt man einen schroffen, polarisierenden (und auch leicht irreführenden) Maßstab: Danach gibt es einerseits den Idealismus und andererseits den Materialismus. Schrecklich vereinfacht gesagt, sagt der Idealismus, die eigentliche Wirklichkeit ist Geist, der Materialismus hingegen lehrt, die Physis, das Körperliche ist am Ende das eigentlich Wirkliche gewesen. Bertolt Brecht, dessen sechzigster Todestag 2016 vorüberging, war ein Materialist. In einem seiner Gedichte hat er vor dem Idealismus, genauer vor dem Spiritualismus, vor der Vergeistigung durch Religion, gewarnt. Dabei hielt sich Brecht formal ans Kirchenlied, das ja umgekehrt durch die Jahrhunderte alles Fleischliche oft auch künstlerisch schön zu verdammen wusste. »Lasst euch nicht verführen«, dichtete Brecht dagegen, ich zitiere die zweite Strophe seines Gedichts »Gegen Verführung«: »Lasst euch nicht betrügen! / Das Leben wenig ist. / Schlürft es in schnellen Zügen! Es wird euch nicht genügen / Wenn ihr es lassen müsst.« Und die erste Strophe endete mit den zwei Zeilen: »Ihr könnt schon Nachtwind spüren: / Es kommt kein Morgen mehr.«

Also kein Leben nach dem Tod, daher muss eines vor dem Tod her. So ein Leben verträgt keine Ausflüchte ins Übersinnliche, auch Nietzsches Lustanbetung wäre zu viel, zu viel an deutscher Übersteigerung. Lust spendet vor allem das Sexuelle, und die meisten Liebesgedichte Bertolt Brechts sind pornographisch, wenn man unter pornographisch die Beschreibung der am sexuellen Glück beteiligten Organe und ihres jeweiligen Einsatzes für dieses Glück versteht. Die Frohbotschaft des Materialismus lautet, dass es einen physischen Zugang zur Vervollkommnung des Menschenmöglichen gibt.

Damit im Zusammenhang kann man lernen, dass die Entgegensetzung von Materialismus und Idealismus nur für die plumpsten Formen gilt, weil zum Beispiel in der Poesie diese einander ausschließenden Haltungen ein Bündnis eingehen. Dieses Bündnis gibt es überall dort, wo entweder der Materialismus oder umgekehrt der Idealismus etwas wert ist. Idealismus und Materialismus stützen einander wechselseitig, keiner könnte ohne den anderen zusammenbringen, wozu er fähig ist. Das kann man Brechts Liebesgedichten ablesen, die Wollust feiern, also eine der Todsünden: »Als ich schon dachte / dass wir einig wären / Gebrauchte ich, fast ohne drauf zu achten / Die Wörter, welche meinten, was wir machten / Und zwar die allgemeinsten, ganz vulgären.«

Die Todsünde wird auch verbal begangen, und die letzte Strophe des Gedichts, das »Das dritte Sonett« heißt, klingt fast wie ein Strategiebericht: »Mit solchen Wörtern rufe ich den Schrecken / Von einst zurück, als ich dich frisch begat-

tet. / Es läßt sich länger nunmehr nicht verdecken: / Das Allerletzte hast du da gestattet! / Wie konntest du dich nur in so was schicken! / Das Wort für das, was du da tatst, war:«
Das Gedicht endet mit dem Doppelpunkt, in der Hoffnung, das sich alle, wie's weitergeht, selber denken. Ich würde vor ein eventuell erschrockenes Publikum treten und erklären: »Wenn Sie, sehr geehrte Damen und Herren, Wörter hören, denen Sie zu entsagen pflegen, achten Sie bitte nicht auf das vermeintliche oder, wie Sie es wünschen, tatsächliche Sittlichkeitsverbrechen. Hören Sie bitte auf die artistische Montage und nicht auf die unerhörte Haltung eines lüsternen Male Chauvinisten.«
Aber es könnte sein, dass man am besten gar nichts sagt, weil man nichts sagen muss: Alle könnten – ohne Kommentar – von selber merken, wie der Materialismus der allgemeinsten und ganz vulgären Wörter, von Brecht eingespannt in die hohe Kunst des Sonetts, noch den leidenschaftlichsten Idealisten befriedigt. Derzeit haben wir ein historisches Moment, in dem sogar der Erzbischof von Wien auf einer frommen Seite der *Kronen-Zeitung* am Sonntag »Bertold (sic!) Brecht« zitiert: »Seien wir ehrlich«, fordert uns der Kardinal auf, und wir haben es auch wirklich nötig: »Wir spielen alle ein wenig mit in dem großen Gesellschaftsspiel, in dem es um Rang und Ehre, Vorrang und Prestige geht. Wer hat welchen Platz? Wer kommt vor, wer kommt nach wem? Wem gebührt der Vortritt? Und wer muss sich mit den hinteren Rängen zufrieden geben?«
Gegen dieses Spiel stehe ich mit dem Kardinal in einer Phalanx, und wenn es sein muss sogar vor einer Kamera. Aber ich bin nicht sicher, ob man den Kampf um unsere Unscheinbarkeit mit Brechts »Dreigroschenoper« führen kann: »In

der ›Dreigroschenoper‹«, schreibt der Kardinal, »heißt es: ›Denn die einen sind im Dunkeln / und die andern sind im Licht / und man siehet die im Lichte / die im Dunklen sieht man nicht.‹« Ich glaube, Brecht meint nicht die Konkurrenten in der Aufmerksamkeitsökonomie, sondern er meint die strahlenden Sieger, die alle, die ihnen im Klassenkampf unterlegen sind, ins Dunkel verdrängen. Gegenwärtig könnte man für die im Dunkeln und für die im Lichte auch ein Wort des Migrationsforschers Michel Agier zitieren. Es besagt, die vorherrschende Migrationspolitik diene »der Festigung einer Aufteilung in zwei große Weltteile (...): auf der einen Seite eine saubere und sichtbare Welt; auf der anderen die Welt des dunklen, kranken und unsichtbaren ›Rests‹«.
Außerdem glaube ich, dass für sich genommen die Sinnsprüche in der »Dreigroschenoper« keinen Groschen wert sind, sie kommen entwertet auf die Bühne: Sie sind sarkastische Verdichtungen jener Weisheiten, mit denen die private und öffentliche Meinung die herrschende Ungerechtigkeit zu vertuschen versucht. Es gehört zur Comédie humaine, dass einfallsreich und moralisierend an der Sinngebung des Unrechts gearbeitet wird, und so sind die Sprüche zweischneidig. Sie verhöhnen unterschwellig eine Lage, in der zum Beispiel so etwas gut klingt: »Ja, renn nur nach dem Glück / doch renne nicht zu sehr / denn alle rennen nach dem Glück / das Glück rennt hinterher.«
Im *Spiegel*, dem Hamburger Nachrichtenmagazin, stand über Brecht ein Artikel, der von bisher unveröffentlichten Notizbüchern des Dichters berichtete. Der Artikel betonte unter dem Titel »Abschied vom Beton-Brecht« etwas, das ohnedies jeder leicht wissen kann: Ja, ja, Brecht war kein erstarrter Dogmatiker, nein, dieses Image vom linksgerichte-

ten Teekannensprüche-Klopfer passt nicht auf ihn, nein, der Mann mit dem marxistischen Zeigefinger war Brecht nicht, er war zumindest ambivalent, wenn nicht gar vielschichtig, komplex, in seinen Anschauungen; er war ein trickreicher Mann – der *Spiegel* nennt ihn intimisierend »Schlitzohr«, und dass Schlitzohr als Anpreisung gemeint ist, sagt mehr über die derzeit herrschende Moral, als es ein Moralist je könnte. Jeder Mensch von heute weiß es: Der Naive geht unter, mit allen Wassern gewaschen wurschtelt das Schlitzohr sich durch.

Es ist nicht lange her: Als ich vor Publikum den Namen Brecht erwähnte, erhielt ich danach einen auffällig nicht unterschriebenen Brief. Der anonyme Verfasser dozierte, Brecht sei als Kommunist in ein Verbrechen an der Menschheit verwickelt gewesen. Daher habe das seinerzeit von einigen literarischen und politischen Feinden in Österreich durchgesetzte Aufführungsverbot seiner Stücke zu Recht bestanden. Was soll man im 21. Jahrhundert darauf sagen? So hängen die einen an alten Bildern, die schweren Vorwürfe von gestern sind ihnen höchst aktuell. Der *Spiegel* dagegen muss als Nachrichtenmagazin eine Neuigkeit bringen. Aber ja, Brecht war eine hochgradig zwiespältige Person, er rang mit sich, suchte, irrte und verwarf – das heißt allerdings nur, dass er kein Idiot war. Es ist schwer, aus einem Schulbuchklassiker die Neuigkeit herauszuholen, man muss in einem modernen Magazin schreiben, dass er gerade entstaubt wird und ganz anders ist, als man es immer dachte. Und in seinen Notizbüchern hat dieser ganz Andere einen Satz geschrieben, der mich nicht wundert und mich dennoch vom Sessel wirft. Der Satz lautet: »Was ich nicht gern gesteh: gerade ich verachte solche, die im Unglück sind.«

»… gerade ich verachte solche, die im Unglück sind.« Ich gestehe meinerseits, dass ich das für einen der unausgesprochenen Schlüsselsätze des marxistischen Materialismus halte, ein unausgesprochener Satz in einer Lehre, die so viele ausgesprochene hat, und ich gestehe, dass ich nicht in der Lage bin, mir auszudenken, was dieser Satz alles bedeutet, geschweige denn, was alles aus ihm zusätzlich folgt. Ich sehe mich selbst (sozusagen ein Selfie), wie ich vor Jahrzehnten in einer Londoner Jugendherberge zwei japanische Zimmergenossen missgünstig betrachtete: Die beiden hatten ohne Unterbrechung ein Kampfgrinsen im Gesicht, und ich versuchte mich mit schlechter Laune dagegen zu wehren.

Eines Morgens, als sie besonders lustig umherkasperlten und ihre hektische Heiterkeit mir schon an vielen Stellen meines Körpers und nicht nur im Geiste wehtat, kam einer der beiden auf mich zu und erteilte mir ihre Lehre. Sie lautete: »If you cry, you cry alone. If you smile, the world smiles with you.« Also: Wenn du weinst, dann weinst du allein. Wenn du aber lächelst, dann lächelt die Welt mit dir.

Das Ungerechte dieser Zurechtweisung war, dass ich ohne weiteres gelächelt hatte, hätten die beiden bloß im Nebenzimmer die Welt mit ihrem Lächeln zum Leuchten gebracht. Ja, hätten sie geweint, hätte ich vielleicht gelacht. Aber die Lehre, befreit von ihrer überspruchreifen Einkleidung, lautet schlicht: Traurige Menschen mag man nicht. Das soll's auch in tragischen Varianten geben, zum Beispiel bei Kindern, die ihren Vater oder die Mutter meiden, wenn diese Krebs haben … Die Unberührbaren, man will an sie nicht anstreifen, sie haben sich durch ihr Unglück zum Einzelschicksal qualifiziert; sie fallen aus unserem Tun und Treiben heraus und stecken dieses womöglich von außen mit ihrem Unglück an.

Aber ein Marxist – wie kommt der dazu, die Unglücklichen zu verachten? Erstens ist es überhaupt ein Irrtum zu glauben, es wäre gut, die Unglücklichen zu lieben. Sie zu lieben kann doch heißen, sie in ihrem Unglück belassen zu wollen, weil einem ihr Unglück Anlass zu den schönsten Gefühlen, ja, zur Liebe gibt. Und zweitens: Eine politische Befreiungsbewegung, als die der Marxismus von seinen Anhängern verstanden wird, ist auf solche Privatheiten wie Liebe nicht neugierig; es gibt einen Film, in dem der junge Marcello Mastroianni einen linken Arbeiter spielt, dem der Lauf der Dinge die Äußerung abringt: »Die Liebe – auch ein Problem, das Marx nicht gelöst hat!«

Nicht das Psychologische, das Soziologische ist das Element, das allem anderen vorausgesetzt ist. Indem der Revolutionär das Unglück hasst, macht er sich mit den Unglücklichen nicht gemein, deren bloße Existenz ihn im Kampf entmutigen könnte. Und dennoch: Die Unglücklichen verachten ist mehr, als sie nicht zu lieben. Die Unglücklichen sind doch ein Stoff, ein Rohmaterial, aus dem die Politik ihre Führungsrolle formt. Kommt die Verachtung der Unglücklichen aus der Abhängigkeit von ihnen, aus einer Abhängigkeit, die der Autonomie widerspricht, welche die strahlenden Führer einer Befreiungsbewegung für sich imaginieren und anderen versprechen? Ich weiß es nicht, aber als ich sagte, es wirft mich vom Sessel, ohne dass es mich wundert, wollte ich Brecht entsprechen, denn der hat in seinen Notizbüchern auch geschrieben: »Der Mensch ist kein Schwimmer, der Mensch ist kein Flieger: / Er ist aus der Gattung der Rückenlieger.«

Diese Neuigkeit also verdanke ich dem *Spiegel*. Eine alte Geschichte ist, dass mein Vater Kommunist war, bis zum

Ungarnaufstand 1956. Er erzählte selbstmitleidlos, aber mit großem Interesse für den Umstand, dass er einmal in Not geraten war und »die Partei« um Hilfe bat. Seine Mutter war schwer erkrankt, und es fehlte an allem. »Die Partei«, wer immer ihr Sprecher war, teilte ihm mit: »Wir sind kein Versorgungsverein.« Da ist was Wahres dran. Mein Vater hat es eingesehen und widerspruchslos zur Kenntnis genommen. Aber eine leichte Irritation, bevor die ganz schweren kamen, ist ihm davon übrig geblieben. Gegen abstrakte Funktionslogiken (selbst wenn mit ihnen gar nichts funktioniert) kann man weder persönliche Moral einwenden, noch kann man ihnen mit persönlichen Bedürfnissen kommen. Es geht immer um Höheres.

Die Verachtung des Unglücks ist in den Gesellschaften verankert, in der Art wie Menschen zusammenleben. Gewiss, es gibt eine Achtung des Unglücks, eine gelegentlich auch voyeuristische Aufmerksamkeit dafür. Aber intuitiv, also ohne Beweise, habe ich das Gefühl, dass die Verachtung eher darin wirkt, eher daran beteiligt ist, wie alles funktioniert. Die Sehnsucht nach Solidarität bleibt poetisch, während die Konkurrenz den Tag strukturiert. Vor Jahrzehnten stellte ich die Behauptung auf, jegliches Können sei die Kalkulation mit einer fremden Impotenz. Wer etwas kann, erfreut nicht nur sich und andere, sondern er verweist die Konkurrenten und die, die nicht einmal konkurrieren können, auf die Plätze. Brecht, der sehr viel konnte, war allein deshalb schon ein Machtmensch. So einer verdrängt immer die, deren Fähigkeiten nicht genügen, und das wird von nicht wenigen auch gewollt, weshalb man zum Beispiel durch Bewunderung die Besten, bei denen man sich hinten anstellen muss, zu ertragen versucht.

Ungeniert und fast unschuldig ist Brecht in seiner pornographischen Lyrik ein *Male Chauvinist* gewesen, und wer meint, dies tue seiner Kunst Abbruch, der soll es halt glauben und auf die besser Gesinnten setzen. Aber als Machtmensch, der die Unglücklichen verachtete, war dieser deutsche Dichter in seiner Hälfte des zwanzigsten Jahrhunderts zugleich auch lächerlich. Niemand weiß, wie viele Größen der Literatur ihn in den Schatten gestellt hätten, wären sie nicht, bevor sie noch zu dichten begonnen hatten, getötet worden, im Krieg gefallen oder in den Lagern ermordet oder an irgendeiner Grenze, die sich nicht öffnete, zugrunde gegangen. Das sind finstere Zeiten, wenn das Überleben allein schon ein Glück sein kann. Auf dieses Unglück und auf den entsprechenden Glücksfall war Brecht eingestellt. Wenn man einen Buchstaben ersetzt, dann kann aus dem Wort Lust List werden.

List ist ein Versuch, die eigene Macht gegen einen übermächtigen Geschichtsverlauf zu bewahren, zum Beispiel Partei zu nehmen und Distanz zu halten, auf keinen Fall sich an etwas zu verlieren, mit dem man dann untergehen müsste. Auf diesem Weg ist sogar die österreichische Staatsbürgerschaft drin und ein Engagement bei den Salzburger Festspielen. Man schreibt am »Salzburger Totentanz«, man (über-)lebt immer dort, wo man zugleich nicht hingehört. So verließ man die eigene Klasse und votierte für eine andere, deren vorgeblichen Organisationen man aber auch nie ganz traute. Parteilichkeit und Distanz – widersprüchlich auf die Widersprüche reagieren, auch das kann man Dialektik nennen.

List darf man auch für die Privatfähigkeit eines Einzelnen halten, seinen Nächsten reinzulegen. Moralisch ist die List ein gefährliches Spiel. Die rigorose bürgerliche Ethik ist ihre

Sache nicht. Wenn die Ehrlichkeit immer gegen den Ehrlichen ausschlägt, ihm stets zum Nachteil gerät, wird ein Materialist sie nicht unbedingt befürworten. Der Maßstab des kategorischen Imperativs hat in finsteren Zeiten (gerade da, wo seine Einhaltung am nötigsten erschiene) seine dunklen Seiten: Im Durcheinander solcher Zeiten kann man vielleicht gar nicht erkennen, was das allgemeine Gesetz wäre, geschweige denn, was man sich, hervorgehend aus dem, was einem noch zu handeln übrig bleibt, als allgemeines Gesetz wünschen würde. Das ist nicht schön; die Regeln der bürgerlichen Moral nicht einzuhalten kann eines Tages gegen einen verwendet werden.

Aber hier sollte man List als geschichtsphilosophische Kategorie verstehen, als Fähigkeit, mit individuellen Strategien den allgemeinen Lauf der Dinge in finsteren Zeiten zu überstehen. Das unterstellt, dass selbst wenn eine Zeit ganz aus den Fugen zu sein scheint, ein menschlicher Verstand immer noch so sehr ein Moment am »Weltgeist« ist, dass der einzelne Mensch fürs eigene Überleben etwas rausholen kann. List steht für die Hoffnung und den Glauben, dass selbst der wüsteste Geschichtsverlauf dem Einzelnen nicht so fremd ist, dass er ihn nicht verstehen und nicht auch austricksen könnte. Es kommt alles darauf an, dass der Einzelne dort, wo er nur die geringste Chance hat, die herrschenden Mächte überlistet, um nicht – wie die meisten im Kollektiv – ihr Opfer zu werden.

In der Literatur war der brave Soldat Schwejk die große Figur, die dieses Modell vor Augen führte, und es war klar, dass man der Schwejkschen Art des Widerstands vorhalten würde, sie bleibe im Individuellen zurück, während es doch längst organisierte Kollektive gebe, die den Einzelnen von der Überbelastung seiner Gegenwehr befreiten. Aber musste man diesen Kollektiven gegenüber nicht erst recht den skeptischen Vorbehalt wachhalten, während man das Unmögliche versuchte, die Loyalität im Prinzip nicht aufzukündigen?

Es gibt zwei Gedichte Brechts – das eine ist versöhnlich und das andere unversöhnlich –, die einen weltliterarischen Höhepunkt der ethischen Anstrengungen darstellen. Im ersten ist die antike Philosophie unüberhörbar:

»Als ich in weißem Krankenzimmer der Charité
Aufwachte gegen Morgen zu
Und die Amsel hörte, wusste ich
Es besser. Schon seit geraumer Zeit
Hatte ich keine Todesfurcht mehr. Da ja nichts
Mir je fehlen kann, vorausgesetzt
Ich selber fehle. Jetzt
Gelang es mir, mich zu freuen
Alles Amselgesanges nach mir auch.«

Es ist die klassische Beruhigung der Todesfurcht: Nichts kann mir abgehen, wenn ich selbst gegangen bin. Wenn jemand, wie es im Psychojargon heißt, »loslassen« kann und sein Ich nicht auch noch gegen den Tod absolut setzt, dann besteht die Chance, dass er die Überlebenden, die Konkurrenten, nicht beneidet, sondern dass er sie ins Herz schließt: Mit ihnen geht das Leben weiter, an dem man selbst so sehr hing. Die Idee dieser Großherzigkeit, durch die man endlich von sich absehen kann, bedarf in der Charité nur einer kleinen sinnlichen Erregung: Die Amsel, die der Kranke, der bald Sterbende am Morgen hört. Der Amselgesang gilt ihm als ein

Lebenszeichen, das er *jetzt* schon im Krankenbett mit denen, die nach ihm kommen werden, teilt.
An diese wendet sich das zweite Gedicht direkt; es heißt auch »Der Nachgeborene«:

»Ich gestehe es: ich
Habe keine Hoffnung.
Die Blinden reden von einem Ausweg. Ich
Sehe.

Wenn die Irrtümer verbraucht sind
Sitzt als letzter Gesellschafter
Uns das Nichts gegenüber.«

Das sind zwei Gedichte, die mit dem Endgültigen arbeiten. Sie sind unterschiedlich (ja sogar unvereinbar) in den Zumutungen und in den Horizonten, die sie eröffnen. Dennoch sollte man keinem von ihnen das letzte Wort überlassen. Man muss mit den Prinzipien beider leben. Das Gedicht aus dem Krankenhaus spricht von einer Freude am Weiterleben, an dem man selbst nicht mehr teilhaben wird. Unter Egomanen eine großzügige Geste. Das andere Gedicht kommt in der ersten Strophe ohne eine Art von Ich-aber-sage-euch-Pathos nicht aus. Das Pathos ist (auch wegen der Fallhöhe) ein guter Ansatz dafür, dass in der zweiten Strophe der Materialismus nihilistisch wird.
An dieser Stelle, an der uns das Nichts gegenübersitzt, kann Becketts »Endspiel« beginnen. Dort hat das Nichts einen herrlichen Beigeschmack von Idealismus: Man kann es betrachten, wie es sich auf der Bühne abspielt. Was dabei befremdliches Grauen ist, ist zugleich auch unterhaltsam:

»Nichts ist komischer als das Unglück, zugegeben«, sagt Nell im »Endspiel«, und darauf Nagg entrüstet: »Oh!!« Aber Nell bleibt dabei: »Doch, doch, es gibt nichts Komischeres auf der Welt. Und wir lachen darüber, wir lachen darüber, aus vollem Herzen, am Anfang. Aber es ist immer dasselbe. Ja, es ist wie der gute Witz, der einem zu oft erzählt wird, wir finden ihn immer gut, aber wir lachen nicht mehr darüber.«

Der Witz ist, dass wir erst wieder darüber lachen, wenn immer dasselbe Unglück von Beckett arrangiert wird. Man nennt das Kunst: Die Kunst bringt durch ihre Fiktionen zusammen, dass das Nichts, das im Unglück, diesem schlechten Witz, sich bis zur Langweile wiederholt, wieder ein guter Witz wird. Früher hatte das Publikum mehrheitlich nur das Nichts gesehen und Beckett nicht in den Kanon aufnehmen wollen. Das Komische erschließt sich auch, wenn man das »Endspiel« immer wieder spielt, und jetzt ist Beckett ein sogenannter Klassiker.

Im Gedicht Brechts, nicht zuletzt der Gedichtform wegen, steht das Nichts punktuell – als Zielpunkt – grauenerregend da. Aber auch in diesem Grauen bleibt der Materialist bei sich: Das Nichts waltet seines Amtes dann, »wenn die Irrtümer verbraucht sind«. Verbrauchen aber ist eine ökonomische Kategorie. Aufgrund dieser Ökonomie braucht keiner zu glauben, es genüge, ahnungslos herumzuirren, um am Schluss doch noch einen Gesellschafter zu haben, der einen um die letzte Erkenntnis bereichert. Irrtümer zum Verbrauchen hat nur der Mensch, der Gedanken fasste, die für sein Leben stabil genug waren, um im Laufe der Zeit verbraucht werden zu können.

Zwei Schauspieler

Der eine, Götz George, war ein Undeutlich-Sprecher, der andere war ein Deutlich-Sprecher. Beide sind, Gott sei's geklagt, Schauspieler gewesen, heute sind sie im Ernst tot. So tot, wie es keiner spielen kann. Der Undeutlich-Sprecher hat diesen Film gedreht, der da heißt »Ach Glück«, einen Film mit Hannelore Elsner, und das ist ja auch kein Pech.
Ach, einmal habe ich Hannelore Elsner im wirklichen Leben gesehen, in einem italienischen Restaurant, das mir meine Kollegin Susanne Gretter gezeigt hatte. Susanne wohnte damals, bevor sie nach Berlin ging, noch in Frankfurt, einer Stadt, die ich widerstrebend, aber allmählich immer mehr zu schätzen begann. Auch deshalb, weil ich Hannelore Elsner in dem italienischen Restaurant erscheinen sah: Sie vereinigte auf unnachahmliche Weise Zerbrechlichkeit und Kraft, sie hatte im Restaurant einen Auftritt, wie andere ihn auf einer Bühne, die extra dafür eingerichtet ist, nicht zusammenbringen.
Götz George, der Undeutlich-Sprecher und Hauptdarsteller des Films »Ach Glück«, wurde gefragt: »Was bedeutet Glück für Sie?« Und er hat – wahrscheinlich, in dieser Mischung von Verständlich und Unverständlich, es war schon seine Marke geworden – geantwortet: »Ich weiß nicht, schwer zu sagen. Es kommt zufällig. Es ist da, verschwindet. Festhalten lässt es sich jedenfalls nicht.« Eine sehr abstrakte Beschreibung, hat man ihm erwidert. Und er darauf: »Glück ist etwas Abstraktes. Es lässt sich nicht fördern. Es gibt Menschen, die haben nie wirkliche Glücksgefühle.«

Ich habe vor, wenn ich mit diesem Glücks-Buch endlich fertig geworden sein werde, eine Prosa übers Schauspielen zu schreiben. Sein und Schein, altes Thema. Ich hab keine Ahnung, wie, aber ich glaube, Schauspielerinnen und Schauspieler haben von ihrem Fundament her, von ihrem Sein her und nicht bloß von ihrer Funktion her etwas mit dem menschenmöglichen Glück zu tun. Vielleicht hängt's damit zusammen, dass sie etwas sein können, was sie nicht sind, oder besser, dass sie nicht ausschließlich sein müssen, was (und wie) sie sind; sie sind wirklich auf der Bühne, sie realisieren sich zum Schein.

Das Glück ist ja nicht nur etwas Abstraktes, sondern auch etwas Illusionäres, das es jedoch wirklich gibt, wenngleich wirklich nicht für Menschen, die nie wirkliche Glücksgefühle hatten. Das Illusionäre sowohl für den Glücklichen als auch die vom Schauspieler realisierte Illusion hat im Glücksfall nichts mit Verstellung zu tun. Thomas Manns Glückskind ist der Hochstapler Felix Krull, und Felix Krull legt Wert darauf, dass er alles andere als ein plumper Versteller ist; Krull hat für sich ein Zwischenreich entdeckt oder besser, er hat es für sich gemacht, gegründet – ein Zwischenreich, in dem das Scheinhafte wahr ist oder wenigstens wahr wird.

Das hat damit zu tun, dass Krull in erster Linie selber Schein ist, nämlich schön. Felix, der Glückliche, ist eine Schönheit; er ist ein bisexueller Virtuose einer anderen Illusion, nämlich der der Liebe; Krull hat ein Leben, das im Sinnlichen verankert ist – und von einer Schönheit betrogen zu werden, ist für uns Ästheten immer noch schöner, als wenn einem der durchschnittshässliche Mensch die ganze Wahrheit auftischt.

Aber ein Hochstapler, ein Illusionist, dem man nur zu gerne

glaubt, wird man eben nicht, indem man sich bloß geschickt verstellt und sonst gehen lässt; in »Bekenntnisse des Hochstaplers Felix Krull« von Thomas Mann referiert der Held sein »auf Phantasie und Selbstzucht gestelltes Leben«. Das ist doch nichts anderes, behaupte ich, als das Ethos des Schauspielers: Phantasie und Selbstzucht. Man kann die Schauspieler darin voneinander unterscheiden: Die Ersten unter ihnen vereinen beides in gleichem Maße, bei manchen überwiegt die Phantasie, bei den anderen die Zucht, und viele haben weder das eine noch das andere; sie leben von der Routine.

Ach, Glück – was für ein schöner Mensch war der Schauspieler Horst Buchholz und was für ein Deutlich-Sprecher! Die Jugendlichkeit erleuchtete ihn von innen, der Glanz seiner Augen ... Ohne Rührung kann ich den Film aus den fünfziger Jahren nicht sehen: Horst Buchholz, dieser deutliche Sprecher, als Felix Krull, und filmhistorisch ist das gewiss von höchstem Interesse, wie die deutsche Unterhaltungsindustrie damals – als Kunst – einerseits den Weg aller Unterhaltung ging (nämlich tief nach unten), wie sie sich andererseits aber dennoch an Standards festhielt, die vor allem die Schauspieler gewährleisteten. Die Filmstars der Zeit: Felmy, Buchholz ...

Im Laufe des Lebens ist die Jugendlichkeit aus dem Gesicht des einstigen Felix Krull nicht etwa verschwunden, sie ist als Zitat im Antlitz von Horst Buchholz lesbar geblieben. Aber Buchholz war im Alter von kaum zu verschweigenden Exzessen gezeichnet, von Depressionen erschüttert. Der Film seines Sohnes über ihn zeigt einen Menschen, der mir das Gefühl gab, ja, so ist das Leben!, und das Leben ist sein Glück und sein Unglück wert; es lohnt sich. Der Sohn fragte den

Vater, was denn das Lebensmotto gewesen sei, und Horst Buchholz antwortete mit der Maxime, mit einem Zitat aus seiner Rolle des Felix Krull: »Liebe die Welt, und die Welt wird dich lieben.«

Virtuosität

Wenn es einen Wunsch gibt, der innerhalb der Gegenwarts-kultur die Grenzen des Verstehbaren sprengt, dann wäre es der, nicht kreativ sein zu wollen. Andreas Reckwitz

1.

Virtuosität ist der beste Deckmantel der Impotenz. Aber warum sollte man die Impotenz verbergen, warum sich schämen für etwas, das nicht geht? Warum sollte man nicht, was man nicht kann, zugleich auch nicht können wollen? Gewiss, Impotenz ist nicht freiwillig, aber man kann ja einwilligen, und dann ist es freiwillig genug. Das Lob der Impotenz legt einen Schwindel nahe: »Die Impotenz«, hat Karl Kraus Kraus in »Pro domo et mundo« gesagt, »möchte durch ihre Bitte um Bescheidenheit die Leistung verhindern.«
Es gibt in der Literaturgeschichte kaum einen Menschen, der dermaßen exklusiv, dermaßen einzig und allein aus seiner Potenz heraus arbeitete wie Karl Kraus. Und weil der Satiriker Kraus so viel Kraft hatte, war seine Virtuosität, die für seine Feinde tödlich sein konnte, ein Stück vom Leben und kein öder Ersatz dafür. Kraus steht hier stellvertretend für alle Ausnahmen, die nicht am Abtötenden aller Virtuosität litten. Seine Kraft, vor allem aber das Bewusstsein seiner Kraft hat Karl Kraus paradoxerweise auch die Fähigkeit zur Einsicht gebracht, unter welchen Bedingungen es mit dieser Kraft aus ist, unter welchen Bedingungen sie nichts mehr vermag.

»Die Dritte Walpurgisnacht« hat Karl Kraus im Bewusstsein der Ohnmacht verfasst: Allein das Dasein Hitlers (nicht der Person, sondern der Konstellation, durch die ein Hitler als »Führer« möglich wurde) hat das Verhältnis von geistiger Kraft und sozialer Wirklichkeit radikal verändert. Das Denken arbeitet mehr oder minder deutlich ausgesprochen mit der Utopie, dass die Realität, wenn man sie vernünftig ansieht, sich auch von ihrer vernünftigen Seite zeigt. Für die Wirklichkeit »Hitler« gibt es keinen geistigen Maßstab, der Nationalsozialismus hat jeden vernünftigen Maßstab im Marsch, im Gleichschritt der Fanatiker unterwandert.
Daraus erklärt sich der Sinn des Satzes von Karl Kraus: »Mir fällt zu Hitler nichts ein.« Und es ist nicht einfach eine Metapher, wenn Kraus schreibt: »Ich fühle mich wie vor den Kopf geschlagen.« Hitler ist in seiner Gegenwart, also angesichts der seinerzeit noch ungewissen Zukunft (anders als historisches Phänomen, von dem man weiß, wie es »ausgegangen« ist), pure Macht, reine Vernichtung. Der Text von Karl Kraus, der den Titel »Die Dritte Walpurgisnacht« trägt, ist einerseits ein Rechenschaftsbericht über das grundsätzliche Versagen einer geistigen Intervention, und andererseits resultiert der (erst nach dem Tod des Autors veröffentlichte) Text aus einem Akt der Selbsterhaltung: Nach einem solchen Leben, wie er es geführt hat, kann sich Kraus den Verstand nicht rauben lassen.
Jedoch mit der Souveränität ist es zu Ende. Ihre letzten Reste werden in die Begründung ihrer Unmöglichkeit investiert. Für diese Begründung geht die Souveränität nicht verloren, sondern sie ist ex negativo wieder in Kraft. »Gleichwohl«, schreibt Kraus, der alten Souveränität eingedenk, »wäre der Wille, sich einem Übel zu stellen, dessen Wesen Verhinde-

rung ist, nicht aufhaltbar, wenn dieses Wesen nicht, als eine dem Denken unnahbare Gewalt, auch die innere Verhinderung mit sich brächte, eine gedankliche Lähmung, die sich atmosphärisch auf den Fernststehenden überträgt, nichts gewährend als eben noch ein Bewußtsein des Inkommensurablen, das jede Regung geistigen Widerstands, jeden Versuch, sich zusammenzuraffen, matt setzt.«

Matt gesetzt. Es ist wie ein Papst, der zurücktritt. Und der dennoch am Leben bleibt. Karl Kraus hat sich selbst zu einem Menschen gemacht, der als Person eine Institution ist und als Institution eine Person. Auch für einen Papst trifft die Untrennbarkeit von Institution und Person zu. Als Karl Kraus aufhörte, als er schwieg, hatte es seinen Grund darin, dass »das Wort« entschlief, als Hitlers Welt erwachte. In jener Welt Hitlers ist »das Wort« tot, es hat seine Souveränität gegenüber der sozialen Wirklichkeit eingebüßt, und gerade das muss man als polemischer Sprachkünstler sagen, der von Berufung wegen aus der Differenz zwischen dem an Unschuld noch erinnernden Wort und der verrotteten Welt lebt. Und dennoch erwarten viele Leser, seine Anhänger, ein Wort von Kraus, ein Lebenszeichen von ihm: Zu Hitler, bitte, wenigstens einen Einfall.

Ein Papst hat sich nicht selbst zu der Institution gemacht, die mit seiner Person identisch ist, die seinen dafür extra von ihm ausgesuchten Namen trägt. Ein Papst nimmt die Wahl demütig an, und der von ihm ausgesuchte Name bezeugt, dass er in der Tradition von Vorgängern steht. Selbst ein Virtuose wie Kraus erkennt eine Tradition an, er unterstützt sie, sein persönliches Ziel ist jedoch die Einmaligkeit: Sie stellt er mit aller Kraft unter Beweis. In beiden Fällen aber, ob künstlerisch oder päpstlich, ist das Abdanken wenn nicht

eine Katastrophe, so doch eine ganz und gar überraschende Zäsur.
Der Papst, der kein Papst mehr ist, bleibt auch. Im übertragenen Sinn wohnt er im Vatikan im Nebenzimmer. Wie nennt man den Übriggebliebenen, was wird sein Haus sein, welche Kleidung wird er tragen? Die Zäsur besteht darin, dass ein abgedankter Papst sich zu einem Menschen gemacht hat, der – gleichgültig, welche finsteren Hintergründe die Entscheidung haben mag – doch aus Eigenem die Unzertrennlichkeit von Institution und Person auftrennt. Man kann für ihn hoffen, dass das Gewissen, auf das er sich beruft, auch zu ihm hält. Es ist typisch für unsere rhetorisch weichen Zeiten, dass der zurücktretende Papst auch Zuspruch erfährt: So ein Rücktritt ist in der Tat ein Gewinn an Menschlichkeit, und zwar in dem Maße, in dem die Einheit von Institution und Person auch etwas Unmenschliches hat. Man sah es am Vorgängerpapst, den ein ungnädiges Schicksal und die Kammerdiener zum Segnen noch ans Fenster schoben, als der Mensch bereits todkrank war.
Politisch ist der Rücktritt eines Papstes keine Katastrophe. Aber metaphysisch ist er ein Jahrhundertereignis, auch weil er in Jahrhunderten nur einmal vorgekommen war, und der – 1294 – in dieser Hinsicht Vorangegangene wurde von seinem Nachfolger gleich eingesperrt. »Einkasteln« nannte Benedikt XVI. den Vorgang. Er selbst hatte den Punkt erreicht, um den es mir geht und dessen Existenz in einer kreativen Gesellschaft bewusst und frei von Schande gehalten werden muss: Nichts geht mehr. »An guten Tagen«, hieß es in meiner Lieblingsillustrierten, »kann der Papst noch selbständig stehen. An schlechten braucht er zwei Männer, die ihn beim Gehen stützen. Die schlechten Tage, sie häufen sich.«

2.

Das sind Ausnahmen, und sie übersteigen das ästhetische Problem der Virtuosität in vielerlei Hinsicht. Gewöhnlich ist Virtuosität die perfekte Beherrschung einer Kunst, ohne dass man bei ihrer Ausübung den geringsten Grund mitliefert, warum man diese Kunst beherrschen sollte. Es ist ein Formalismus, der die Leere, die Impotenz, übertüncht, übertönt. Das Virtuose gefällt, denn es klingt gut und zieht einen in nichts hinein. Der Virtuose gefällt: Seine Haltung ist vorbildlich – wie im Violinkonzert die des Geigers, nach dem sich das Orchester richtet. In Form der Virtuosität braucht die Impotenz nicht mehr bescheiden zu sein. Virtuos kann sie sich endlich als die eigentliche Leistung ausgeben.
Dass sie sich so aufspielen kann, kommt vielleicht doch vom eingebürgerten Unwillen, zuzugeben, dass man »es« nicht kann. Viel öfter als »Ich kann es nicht« fällt sicher der Satz »Ich kann nicht mehr« – als ob man es je hätte können. Ein jeder wird sich selbst zum Bluff, weil er die Grenzen verdrängt, an die er stets stößt. Gibt es also mehr zu erreichen als die Eintracht mit seinen prinzipiellen Unfähigkeiten, mit den grundlegenden, einschneidenden Verkümmerungen, für die es keinen Ausweg gibt, weil man, da es mit allem ein Ende hat, doch letztlich in die Richtung geht, die von ihnen, von den eingeschärften Niederlagen und von den unausweichlichen Zusammenbrüchen geprägt ist?
Der Virtuose hat keinen Sinn für die Poesie des ewig Stillgelegten. Er erträgt die Ruhe nicht, er muss sich kunstvoll bemerkbar machen, immer jeden seiner Töne mit dem nächsten überbietend und unvergleichlich zum Schluss kommend. Er hasst den Tod, aber nur, weil der sich schlecht verwerten

lässt. Das Aufsehen, das der Tod erregt, ist entweder entsetzlich oder auf quietistische Weise erhaben. Dieser Roman, sagt man über das Werk eines virtuosen Schriftstellers, ist ein hingeworfener Fächer, der mit einem Wurf aufgegangen ist, unverwechselbar. Aber dieser Roman ist grundlos wie ein seelenloses Gelächter, alles übrige Leben ist zum resonanzlosen Hohlkörper lahmgelegt, hektisch bewegt, triumphierend, perfekt in einem Atemzug, aber doch nur aus Furcht, vor einem zweiten Atemzug höbe sich die Brust nicht mehr.

Es ist die Impotenz, das gefürchtete Erlebnis des Leblosen, das sich in der virtuosen Geschicklichkeit mitteilt. Der Virtuose zeigt, dass er nicht impotent ist, und er zeigt es raffiniert vor einem Publikum, das es sich zugute hält, nur dem Besten zuzusehen. Es ist ein erhebendes Können, dessen das Publikum zusehends teilhaftig wird. Der Virtuose verschont es vor Fehlern. Er ist fehlerlos, und damit auch sein Publikum. Virtuosen existieren nur in einem professionellen Milieu, unter Kunstkennern, unter Liebhabern der Raffinesse. Wahre Virtuosität ist nicht populär, aber weit und breit verbreitet genug, um diesen Mangel an Popularität als distinktives Merkmal bei Eingeweihten beliebt zu machen: In der gemeinsamen Verachtung des Unvermögens sind sich sogar die wirklichen und die vermeintlichen Könner einig.

In der Denunziation und im Stigmatisieren der Impotenz entspricht der Virtuose schließlich vollkommen seinem Begriff. Der Hass auf das Nichtige, irgendwie auf das Leben überhaupt, auf die Idiotie des Daseins, auf die vertrottelte Vollkommenheit der rührenden Idioten, auf ihre blödsinnigen Hoffnungen, auf ihre miese Kleinheit, auf sie, die im Kot noch ersticken, an dem sie sich wärmen wollten. Virtuosität ist die Beweglichkeit aus einer Angst heraus, selber von jener Nichtigkeit befallen zu sein, die sich dem Könner verbietet. In der Virtuosität wird die Impotenz so zudringlich, weil sie sich dort absolut als endgültig überwundener Mangel präsentiert. Das virtuose Werk übertüncht die Angst seines Schöpfers, die ganze Welt sei jene Einöde, als die er sich selber in den von seiner Begabung ungeschützten Momenten erlebt.

Den Virtuosen muss man sich als Menschen vorstellen, der in den Spiegel blickt und darin nichts sieht, bis – nachdem er sein Können allmählich entfaltet hat – endlich auch die Umrisse seines Spiegelbildes erscheinen. Außer seiner Kunst kann der Virtuose nämlich nichts. Er beherrscht nur die Technik, andere glauben zu machen, alles zu können, weil er das eine kann. Wenn es aber offenbar wird, dann versteht er sich zumindest darauf, andere dazu zu bewegen, für ihn alles zu tun, damit er sein eines ausüben kann: Der Virtuose hat Fans, die Enthusiasten liegen ihm zu Füssen. Dennoch bleibt er ungerührt kalt, ein Fossil, doch keines aus Stein, sondern, da er doch immer zeitgenössisch ist, stets im Mittelpunkt seiner Gegenwart, ein Fossil aus Kunststoff. Er kann nicht als Mensch, und er kann nicht als Künstler der Leere Leben einhauchen. Das Stagnieren inmitten der virtuosen Bewegung, inmitten des Geniestreichs das Gefühl, am Abgetöteten festzukleben, die virtuose Phantasie erwärmt kein Ding der Welt. Sie macht sie alle kalt, sie arrangiert nur die toten Elemente einmalig, originell und unverwechselbar, so, wie es in einer Gesellschaft aus Könnern und Nichtkönnern am höchsten im Kurs steht. Es ist die Impotenz, die das virtuose Werk aufwirbelt.

Die Kunst ist nicht der einzige Ort, an dem das virtuose Trickspiel stattfinden kann. Sie ist nur am besten dazu geeignet.

Während nämlich jedes andere Betätigungsfeld – vielleicht mit Ausnahme der Macht, zu der es heute freilich gehört, dass sie gerade darüber nichts sagen möchte – beschränkt ist, ist die Kunst durch die von ihr mitgelieferte Illusion absolut. Die Kunst ist das Eigenleben der Menschen über deren Tod hinaus. Sie ist eine Institution, die in begehrten Sonderfällen die Sterblichkeit ihrer Schöpfer überlebt. Sie ist relativ autonom, aber doch auf eine Weise, dass man sie so präsentieren kann, dass ihre Autonomie alles Relative an ihr schluckt. Im Unterschied zum meisten, das zählt, wäre die Kunst ohne die Menschen nicht auf der Welt. Und wenn der Rest vom Künstler, der kein bloß reproduzierender war, zugrunde gegangen ist, bleibt sie und macht Geschichte.

Es gibt andere Formen des Weiterlebens nach dem Tode, Kinder zum Beispiel, oder ein Weiterbestehen aus mechanischen Ursachen, eine Art technischer Vermittlung an die Nachwelt: Ausstellungsstücke im Museum zum Beispiel. Aber das sind Abstraktionen, Abziehbilder von einer vergangenen, nicht mehr wiederkehrenden Existenz, die im künstlerischen Memorial in Bildern und Stimmungen, in Lichtblicken und Verdunkelungen konkret wieder auflebt. Die Kunst ist ein Überleben, ein Überwinden der Natur, ein Nicht-des-natürlichen-Todes-Sterben. Als Eigenleben ist sie losgelöst von den Fremdbestimmungen, in denen unseresgleichen sonst existiert. Sie hat sie zwar zur Voraussetzung (der Künstler muss atmen und essen), aber sie entsteht als Kunst erst, wenn diese Voraussetzungen überschritten sind.

Absolut (losgelöst) wird die Kunst, indem sie Abhängigkeiten, die von Natur aus oder durch die Gesellschaft oder durch die Geschichte herrschen, überschreitet, aus deren Perspektive sie eben deshalb überflüssig erscheint. Man kann sagen,

Kunst ist eine Rache an diesen Abhängigkeiten, freilich eine missglückte, denn die Kunstwerke sind oft missglückt, das Leben ist in ihnen schäbig, schon allein, weil es nicht das wirkliche ist. Jedoch gerade davon bleiben die Ästheten fasziniert. Gewiss, der Geist im Allgemeinen glaubt keine ausweglosen Lebenssituationen zu kennen: Er repariert sich sogar selbst, ob als Neurologe oder in der Gesprächstherapie. Und die Kunst, das kann glauben, wer will, ist eine der höchsten Wahrheiten unseres Daseins. Aber es ist eben höchstens die höchste, und wer weiß schon einen Ausweg aus den Aporien? Das hatte sogar die Religion nicht in petto, deren Erbe die Kunst in ihren schönsten Perioden, in den Kunstperioden, angetreten hat.

Eines Tages wird auch die höchste Wahrheit von einer anderen relativiert. Sie bedeutet nichts, sie wird vergessen, sie stirbt, sie verschwindet in der Geschichte. Aber solange sie noch lebt, ist ihr Besitz ein schlechter Ersatz für das Omnipotenzgefühl, mit dem wir, wenn alles halbwegs funktioniert, als Kinder zur Welt gekommen sind und das uns dann der Lebenslauf hat abgewöhnen müssen. Die Kunst ist ein Allmachtersatz, von großem Interesse für die Virtuosen-Mentalität. Die Allmacht zieht die Künstler an, aber weil sie nur als Ersatz vorhanden ist, macht sie den Virtuosen so eingebildet und seine Kunst so seltsam billig. Virtuosen handeln mit Ersatz. Der Geist suggeriert Omnipotenz, seine Gegenstände leisten nicht den Widerstand wie die gewöhnlichen Dinge, unsere Traumgestalten sind umfassend, und mit ihnen kann man, wie jedes Genie weiß, schalten und walten.

Die Kunst ist das Absolute, aber nur als Schein und zum Schein. Die Kunst ist nämlich auch dort, wo sie gelingt, schon nichts als eine Balance aus Virtuosität und Impotenz.

Eine Rettung kommt in der Welt nicht vor, menschenmöglich ist nur dieser zeitweilige Ausgleich (den die Ausnahmen verkörpern) zwischen einem schließlich doch immer siegreichen Unvermögen und dem überdrehten eitlen Können. Mehr gibt es für den Menschen nicht. Die Kunst ist sein Absolutes, ein vom Leben losgelöstes Eigenleben. Es ist das gescheiterte Absolute, welches aber dieses Scheitern ästhetisch verbirgt; paradoxerweise auch dann, wenn sie es großartig, also künstlerisch, als absolutes Scheitern beklagt.
Vielleicht ist die Kunst ein schon etwas altmodisch gewordener Inbegriff der Lüge, an die wir glauben können, damit wir uns gegen die – nicht bloß von ihr – verschleierte Gewissheit des Todes bei Kräften und am Leben erhalten.

3.

Über Wilhelm Furtwängler, den Dirigenten der Berliner Philharmoniker, auch und gerade während der Zeit des Dritten Reiches, sagte eine Stimme aus dem Fernsehen, Furtwängler wurde »die Schatten der Vergangenheit« nie ganz los. Eine Frau mit diesem Schatten war auch die Sängerin Elisabeth Schwarzkopf, und ich habe zwei Mal einen Film im Fernsehen über sie gesehen, ein Sittenbild der Virtuosenkultur, die mir leider nicht die Achtung abringt, die ihr in meiner Heimat Österreich gezollt wird.
Das ist bei mir nix Politisches – artistisches Können und politische Urteilskraft haben miteinander nichts zu tun, und wer virtuos einen Ton trifft, kann sich politisch ohne weiteres im Ton vergreifen. Gilt auch für die Wissenschaft, und im Jahr 2015 dahinterzukommen, dass Konrad Lorenz, der Nobel-

preisträger, ein Mitläufer unter Hitler war, das sollte nicht für die Aberkennung eines Ehrendoktorats der Universität Salzburg reichen. Wenn also streiten, dann gegen die derzeit aktuellen Renovierungen von Autoritarismus und Nationalismus, aber nicht gegen die Schatten der Vergangenheit. Daraus wird nur Schattenboxen.

Ja, die Virtuosenkultur. Der Kult um die Spitzentöne ist mir gleichgültig, da bin ich, aus künstlerischen Gründen, Banause, und Friedrich Guldas Definition eines Teils auch seiner Anhänger als »Weihetrottel« leuchtet mir ein. Der Preis für die Weihen auf der Bühne ist nicht gering: Das Schwarzkopf-Porträt im Fernsehen zeigte die Sängerin im Alter, wie sie fachgemäß ihre Gesangsstudenten quälte und wie sie entzückt war, wenn die Quälerei in gelungenes Kunstsingen mündete. Die große Sängerin war mit einem Plattenproduzenten verheiratet gewesen, und dieser Mann, ein Musikkenner erster Ordnung, stellte das Kunstsingen seiner Frau unter das Motto: »Wenn du aufhörst zu singen, sterbe ich.«

Also Weitermachen, auch weil die Strenge gegen ihre späteren Schüler vor allem eine war, die sie ihr ganzes singendes Leben lang gegen sich selbst aufwandte. Zerknirscht nehme ich die Notwendigkeit der Virtuosenkultur zur Kenntnis: Wer sollte die Isolde singen oder den Tristan, wenn nicht halbwegs junge Menschen, die freudig durch die Hölle einer Gesangsausbildung gegangen sind, die sie eines Tages dazu ermächtigt, zwei Stimmen zu einer werden zu lassen (nicht Tristan, nicht Isolde), auch um das Opernhafte des abendländischen Liebesmythos über die Bühne zu bringen.

Und das ist es, weshalb Elisabeth Schwarzkopf einen Ehrenplatz im »Magazin des Glücks« bekommt. In dem Fernsehporträt spricht ein Vertrauter der Sängerin von einem Geheimnis: Während des Krieges war Frau Schwarzkopf an Tuberkulose erkrankt, sie verbrachte fast ein Jahr in einem Sanatorium. Dort in den Bergen der Tatra habe sie einen Mann kennengelernt, den einzigen Mann, so soll sie es gesagt haben, den sie wirklich liebte. Von dem Geliebten habe sie nicht einmal ein Foto. Sie kenne seinen Namen und den Ort, an dem er lebe. Sonst ist aus der einstigen Liebe nichts geworden, außer dass, wenn sie an diesen Mann denke, ihr Sonnengeflecht sich zusammenziehe, und dass ihr das eine Ahnung davon gebe, was für ein unglücklicher Mensch sie sei.

Man glaubt herausgefunden zu haben, dass der Mann, den sie liebte, ein furchtbarer Nationalsozialist war, ein hoher SS-Offizier und später Gauleiter von Niederösterreich. Ja, wo die Liebe hinfällt. Manchmal fällt sie wirklich hin, ganz tief. Die obszönen Mischungen von Kunst und Politik, das Gesetz des Herzens und die politische Moral – sie in einem Leben zusammenzubringen, das ist auch »eine Kunst«.

(für Konrad Paul Liessmann)

Philomele

Eine Stimme im Radio zitiert Erik Satie: »Das Leben ist schön / wie eine Nachtigall mit Zahnschmerzen.« Dass das Leben schön sei, ist eine quälende Behauptung. Eine ganze Vitalität, die körperliche und die geistige, tritt zum Kampf an, wenn hörbar wird, dass das Leben schön sei. Vielleicht kommt das auch davon, dass der Satz genauso gut ist und genauso viel wert wie der gegensätzliche: Das Leben ist entsetzlich, ist grässlich, ist hässlich. Beides kann sein, beides kann – gleichrangig – auch nicht sein, und man könnte die Banalität nur »toppen« (um ein geistig krankes Wort der Konkurrenzgesellschaft zu benützen), man könnte diese Banalität nur toppen, indem man sagt, ob das Leben nun schön oder grässlich sei, das ist für jeden Menschen anders.
Aber bei Satie heißt es, das Leben sei schön »wie eine Nachtigall mit Zahnschmerzen«. Durch diesen Vergleich nimmt der billige Satz eine nicht unpreziöse Wendung. Zugleich hebt die Nachtigall die Banalität des Ansatzes auf, der ja den Realitätsanspruch stellt, das Leben sei wirklich schön. Kann ja, wie gesagt, sein, was allerdings nicht sein kann, ist eine Nachtigall mit Zahnschmerzen. Die Vögel mit ihren Schnäbeln können Schmerzen haben, aber sie haben keine Zahnschmerzen. So ein Vogel ist ein Phantasieprodukt, kann also keinen Realitätsanspruch stellen.
Die Nachtigall ist ein Singvogel, wohltönend, und sie steht symbolisch – als geflügeltes Wort – für die Liebenden, zumal der Name des Vogels auch den Zeitraum enthält, in dem die Liebenden ganz bei sich sind: die Nacht. Die Nacht ist Tris-

tans und Isoldes Zuflucht, und auch Romeo und Julia haben kein schöneres Element. Am Übergang von der Nacht zum Tag wird es für solche Liebenden, ja für alle Liebenden, gefährlich. »Willst du schon gehn?«, fragt Julia, und sie macht die Nachtigall zum Kriterium für den Unterschied von Tag und Nacht: »Der Tag ist ja noch fern. / Es war die Nachtigall, und nicht die Lerche, / Die eben jetzt dein banges Ohr durchdrang; / Sie singt des Nachts auf dem Granatbaum dort. / Glaub, Lieber, mir: es war die Nachtigall.«
Romeo glaubt es nicht, und er nennt die Nachtigall bei ihrem schönen Fremdwort: »Die Lerche war's, die Tagverkünderin, / Nicht Philomele«, und es ist – nur ohne Musik – wie bei Wagners Tristan und Isolde. Ob Tag oder Nacht, für Romeo ist der Unterschied todernst: »Die Nacht hat ihre Kerzen ausgebrannt, / Der muntre Tag erklimmt die dunst'gen Höhn; / Nur Eile rettet mich, Verzug ist Tod.«
Bei Satie geht es ums Leben und weniger um Leben oder Tod. Auf dem unvermeidlichen Weg zur Auslöschung, zum Ende, zum Finale, hat die Nachtigall noch Zahnschmerzen. Mehr an Daseinsdrama wird nicht zugestanden, aber so viel immerhin schon: Das Leben ist schön, und man kann es unter Zuhilfenahme des Phantasieprodukts »Nachtigall« symbolisch ausdrücken, so schön ist das Leben auch wiederum nicht, dass es ohne Schmerzen abginge, dass es nicht oft genug schmerzverzerrt wäre.

Einer ist keiner

Einer meiner vorzüglichsten Lehrer war der Zufall. Dieser betätigt sich nicht nur als Kommissar, er unterrichtet auch. Vor Jahren ging ich einmal zufällig in den Stadtpark; es war zu einer Zeit, da ich meiner Art von Nachdenklichkeit eine Wende verleihen wollte. Im Park auf einer Bank saß ein Philosoph, ein habilitierter Assistent am Philosophischen Institut. Ich kannte ihn vom Fußballspielen, er spielte unauffällig, aber tapfer, was sein musste, denn in dem Meer von Tränen, das die beim Fußballspielen überharten Philosophen einander bereiteten, waren Tapferkeit und Unauffälligkeit die ersten Tugenden.
Auf der Parkbank kam mir der Philosoph gerade recht, und ich klärte ihn sofort auf, welche Umkehr ich meinem Denken zu verschreiben gedachte: Genug hatte ich, genug von der »Ideologie«, von dem, was an der Philosophie strittig ist und von Interessen geleitet. Mir schwebte Philosophie als eine strenge Wissenschaft vor, nichts mehr von dieser schwabbeligen Meinungsmasse, für die die Philosophie so gesucht war.
Der Philosoph auf der Parkbank widersprach mir geduldig. Er erklärte mir etwas Wesentliches: Dass der Mensch in seinem Widerspruch existiert und dass die Philosophie in ihren einander ausschließenden Entwürfen eine Menschenmöglichkeit ist, die man durch keine Strenge schleifen sollte. Das Unsichere, das Ungewisse gehört genauso zum Denken wie das Sichere, das in einer Philosophie, die diesen Namen verdient, keine privilegierte Position haben sollte. Das war und ist gewiss ein Gemeinplatz, aber nur, wenn man sich aus-

kennt; wenn man, wie ich damals, allzu entschieden nach einer erlösenden Orientierung sucht, muss man darauf verwiesen werden. Der Philosoph auf der Parkbank war mein Lehrer, einen Gemeinplatz lang und breit. Ich habe ihn, dessen Namen ich nicht mehr weiß, nie wieder gesehen. Das Fußballspiel mit den Philosophen gab ich auf, ich musste ja meine Beine retten.

»Mein Lehrer!« Etwas in mir widerstrebt der Zumutung, dass ich einen hatte. Aber ich hatte neben dem Zufall noch zwei andere. Der Zufall als Lehrer nützt einen glücklichen Moment, eine Situation, die man sich als Belehrter merkt. Man läuft dem lehrreichen Zufall, weil man Glück hat, in die Arme. Aber die Lehrer, von denen ich sagen muss, sie waren »meine Lehrer«, haben nichts dem Zufall überlassen. Meine Lehrer standen über Jahre auf meinem Stundenplan. Beide waren sogenannte Deutschprofessoren, das heißt, sie unterrichteten deutsche Sprache und Literatur. Ein ganz klein wenig war ein dritter auch »mein Lehrer« – ein Lateinprofessor, Doktor Vacek, ein kleiner, nicht übel parfümierter Herr, der altmodisch geschnittene Anzüge mit Weste trug. In meiner Vorstellung hatte er keine Armband-, sondern eine Taschenuhr. Von Doktor Vacek, dem Lateinprofessor, habe ich am meisten über die deutsche Sprache gelernt, vor allem wie man ihren Sinn auseinandernimmt und zusammensetzt, indem man ihn nicht zuletzt aus der Grammatik hervortreten lässt.

Aber Doktor Vacek verdanke ich auch ein Lob, das mir bis heute bedeutsam erscheint: Ich hatte ein Gedicht von Catull »präpariert«, und der Professor konnte sein Lob damit begründen, dass meine Catull-Übersetzung nichts als ein poetischer Akt war: Die Noten standen schon fest, und eine

Hausaufgabe war der Catull auch nicht. In diesem Sinne habe ich mein Leben lang auf dem Gebiet der Zweckfreiheit gewirkt, das Lob eines älteren Herrn im Ohr und sein Eau de parfum in der Nase.

Von meinen zwei Lehrern kenne ich noch den vollen Namen: Dr. Viktor Böhm und Dr. Hermann Mayer. Dr. Mayer hatte ich nur ein Jahr, die übrige Zeit, sieben Jahre lang, war ich mit Dr. Böhm ein Herz und eine Seele. In meinem Herzen und in meiner Seele bilden die beiden ein dialektisches Gegensatzpaar: Dr. Böhm war ein Mann der Expression. Er war, so habe ich es in Erinnerung, ein hervorragender Rhetoriker; er sprach akzentfrei die Hochsprache, und das ist für einen Wiener Deutschprofessor ein Wunder: das Wunder der Sprache. Er konnte auch vorlesen, er las aus den Dramen der Weltliteratur, sodass die Worte für mich zu Gestalten von Figuren wurden. Vor allem aber ließ er uns, die Schüler, lesen, und ich sprach die Hauptrollen. Die literarisierten Stunden hatten für mich eine Aura, die sie aus dem Alltag, aus allem Schulischen heraushoben. Ohne diese Aura wäre der Rest meiner Tage noch unerträglicher gewesen.

Dr. Mayer war von anderer Art: ein Intellektueller, dem es Brecht angetan hatte. Er war vorsichtig mit dem Expressiven, das Präzise lag ihm mehr. Dr. Mayer war in meinem Gesichtskreis der erste Mensch, der eine Bibliothek besaß. So ein Bibliotheksbesitzer konnte bei sich daheim vom Sofa aufstehen und ein Buch von Musil oder von Kant oder von Kraus oder von Broch aus dem Regal nehmen. Wieder zurück im Sofa, konnte der Besitzer sein Buch aufschlagen und auf eine Stelle hinweisen, die ihm etwas bedeutete. Das habe ich, der ich von Haus aus keine Bücher hatte, mein Lebtag nicht vergessen.

Ich schäme mich, aber ich füge die beiden unterschiedlichen Personen zu einer Person zusammen: zu »meinem Lehrer«. Der eine arbeitete mit meiner Phantasie, der andere versuchte es mit meinem Verstand. Aus Liebe zu beiden würde ich auch ihr möglicherweise vernichtendes Urteil darüber ertragen, was aus mir – all die Jahre ohne sie – geworden ist.

Routine

Im Operationssaal
kalt. »Kühl wie ein Grab«,
pflegt der Chirurg zu sagen,
weil Zynismus erbaulich ist.

Kälte konserviert
auch in der Zeit
vor dem Absterben. Amen.

In dieser Kälte,
dieser sterilen Periode
auf jede Erfrischung,
liegt der bald frisch Operierte
auf seinem fahrbaren Bett.
Gar nicht erwartungsvoll,
sondern wie von Berufs wegen
gleichgültig (cool). Irgendwie
meditativ.

Er sieht noch
dem Krankenhauspersonal zu,
das in einer ihm undurchsichtigen Hierarchie
auf und ab läuft, gewohnheitsmäßig das Nötige
    erledigend.
Einander auch Außerdienstliches zurufend.

Ein eingespielter Schwarm. Der Körper.
Sie verkörpern das ihm ins Auge stechende
normale Leben.

Narkose: Das Wichtigste,
das dir geschieht,
erlebst du nicht.

Es gibt ein böses Erwachen
mit einem Schlauch im Mund
auf der Intensivstation.

»Ach«, sagt die Schwester
zum Patienten,
dem sie die Schüssel
an den Hintern drückt:
»Es waren nur Winde.«

So ist der Mensch,
und auch ganz anders.

»Atropin, gib mir ein Atropin«,
ruft diensthabend der ärztliche Leiter,
der einen Schwerkranken versorgt.
»Und jetzt, gib mir noch ein Atropin«,
sagt er zum Pfleger.

Wer hinschaut, wird es sehen,
wie in der entzauberten Welt
der Lauf der Dinge
zum Ablauf der Dinge wird.

Aber das Archaische bleibt.
Zum Beispiel Schließmuskel,
die zwei Stunden geöffnet waren,
um einen Darm zu operieren.
An jedem Geist, auch am größten,
hängt ein Arschloch dran.

In die Intensivstation
führt man ein Bett herein.
Der Mann im Bett ruft frohsinnig:
»Das ist derselbe Platz wie letztes Mal.
Ich hab denselben Platz wie letztes Mal!«

Zerrüttete Silbernächte
durch die Fehlalarme der Kontrollcomputer.
Sie leuchten auf in der Nacht
wie Spielautomaten beim großen Gewinn.

Wohl dem,
der diesen Ort verlässt,
die Silhouetten der Nachtschwestern
im Gedächtnis.

Schwarzmalen

Seitdem ich »Breaking Bad« gesehen habe, begann ich mich mit einem Phänomen zu befassen, das haargenau an einer Frontlinie von Atheismus und Theologie existiert: mit dem schwarzen Humor. »Breaking Bad« ist eine amerikanische Fernsehserie, deren Anti-Held, ein Chemielehrer, eines Tages in die Lage kommt, eine Leiche verschwinden lassen zu müssen.

Was wäre besser geeignet als ein Säurebad?

Er schafft seinem Komplizen an, für das Bad eine Wanne aus Plastik zu besorgen. Dieser Komplize ist eine Suchtpersönlichkeit, aber man muss auch sagen, er ist ein Depp. Der Chemielehrer hatte ihn zum Schüler. Er war allerdings einer, der gar nichts lernte. Jetzt denkt der Ex-Schüler, bin ich blöd, eine Plastikwanne! Ich habe doch eine prima Badewanne aus bester Keramik, da lege ich den Toten hinein, schütte die Säure dazu und warte, ein Suchtmittel genießend, bis sich alles in eitel Wonne auflöst.

Das kommt davon, wenn man auf seine Lehrer nicht hört: Die Säure zerfrisst auch die Badewanne, und sie frisst ein Loch durch die Decke. Das hätte die Plastikwanne verhindert, sie wäre säureresistent gewesen, aber so purzeln blutige Leichenteile von oben hinunter …

Das ist sogenannter schwarzer Humor, den man unter anderem daran erkennt, dass man ihn nicht lustig finden muss. Zum schwarzen Humor gibt es ein berühmtes Buch, André Bretons »Anthologie des Schwarzen Humors«. In der Anthologie kommen auch Anekdoten vor, die ein Lieblingsprinzip

der Avantgarde versinnbildlichen: die Aufhebung der Trennung von Kunst und Leben. Von Alfred Jarry wird berichtet, er habe in einem Zirkus die neben ihm Sitzenden mit einem Revolver terrorisiert, um sie von seinen Fähigkeiten als Dompteur zu überzeugen: besser als jeder Profi!
Jarry hatte die Neigung, seine wunderbare Figur, den König Ubu, zum Privatleben zu erwecken, wohl auch, weil ein Ubu zu sein, also herumzubrüllen, die Untertanen zu treten, richtig Freude macht. Es ist das Lustprinzip, das der schwarze Humor favorisiert und das die ziemlich pervertierte Form von Ubu annehmen kann, weil die Lust unter bürgerlicher Kontrolle zwischen Gewissen und Konvention eingezwängt ist: Lustig wird's nur, wenn man sich gehen lässt.
Das andere ist der Schmerz: Humor, sagt Breton, sei »ein Verfahren, das erlaubt, sich über das allzu Schmerzliche an der Realität hinwegzusetzen«. Das würde der Christ ebenso zugestehen: Er würde sich auf sein Selbst zurückziehen und über die unvermeidlichen Wirren der Welt lächeln, weil er ja weiß, dass im Grunde alles seine Ordnung hat, dass er, gläubig, wie er ist, inmitten der Katastrophe geborgen ist. Aber anders der Atheist – er setzt sich über den Schmerz hinweg. Breton zitiert Freud: »Das Großartige liegt offenbar im Triumph des Narzissmus, in der siegreich behaupteten Unverletzlichkeit des Ichs.«
Ich lasse mich nicht kränken, nicht durch so etwas Heruntergekommenes wie die Realität, wozu Freud sagt, dass dem lachenden Narziss die Leidensursachen »nur Anlässe zu Lustgewinn sind«. Das ist der Weg, auf dem das Furchtbare zur Unterhaltung werden kann. Was tun? »Paint it Black«, singen die Rolling Stones, und der Song lautet in der dritten Strophe:

»I look inside myself and see my heart is black
I see my red door and must have it painted black
Maybe then I'll fade away and not have to face the facts
It's not easy facing up when your whole world is black.«

Sehe ich auf mein Inneres, auf mein Herz,
Sehe ich schwarz. Sehe ich meine einst rote Tür –
die muss ich schwarz gestrichen haben!
Ich kann in dieser Dunkelheit vielleicht aus der Welt
verschwinden. Verklingen-verblassen. Maybe.
Verschwunden muss ich dann
der Wirklichkeit nicht mehr ins Auge schauen.
Das wäre auch schwer, sehr schwer,
wenn einem die Welt ganz in Schwarz entgegenkommt.

Schadenfreude

Da Berndi hot sei Moped verkauft.
Na, na, er hot's net aubrocht.

Wia da Berndi sei Moped hot verkaufn woin,
hot's eam glei auf de Pfeifn g'haut.

Da Berndi hot sei Moped verkauft.
Na, na, er hot's net aubrocht.

Da Berndi hot de Zeddln fias Moped
Überoi auffepickt: stolzer Preis.

Da Berndi hot sei Moped verkauft.
Na, na, er hot's net aubrocht.

Da Berndi is am Raundsta zuwegschnittn,
do hot's eam aufgstöllt und abegholt: vom hohen Ross.

Da Berndi hot sei Moped verkauft.
Na, na, er hot's net aubrocht.

Auf de Zeddln hot der Berndi
Den Preis vom Moped ausbessert.

Da Berndi hot sei Moped verkauft
Goanz büllig.

Na, na – er hot's net aubrocht.

»Ich glaube nicht, dass …«

Zu dem Schönsten, das ich je in meinem Leben aufschnappen durfte, gehört der Slogan: »Ich glaube nicht, dass es einem Menschen möglich ist, die Gründe für das, was er tut, zu verstehen.«

Diesen Glaubenssatz nahm ich mir heraus aus dem Fernseh-Trash, ich glaube aus einer Folge von »Criminal Minds«, einer dieser Kriminalfilme, die in scheinbar endloser Serie dem Publikum zugemutet werden. Die Figur, die solches sprach, war sicherlich ein Menschenfresser, ein Kannibale der Großstadt, einer, der leicht reden hat. Ich verwende seinen Spruch für bestimmte Ungewissheiten, die man nur partiell, aber immerhin partiell aufklären kann. Für Schriftstellerinnen und Schriftsteller zum Beispiel gibt es die eine Frage, durch die manche von ihnen branchenüblich außer sich geraten. Es ist die reine, einfache Frage: »Warum schreiben Sie?«

Nimmt man die Frage ernst, kommt man zu einer selbstreflexiven Meditation, am Ende dazu, dass sich vieles zum Motiv des Schreibens verschränkt, dass aber letztlich die Gründe in ihrem Zusammenhang nicht einsichtig, daher auch nicht beherrschbar werden. So etwas wie Schreiben als Kunstform lebt von einem Überschuss, von einer Transzendenz, die sich nur partiell kontrollieren lässt. Es hat auch mit Hingabe zu tun (die wiederum zu einem Teil freiwillige Selbstaufgabe ist), zum Beispiel hat es damit zu tun, dass es beim Schreiben darauf ankommt, nicht nur die Sprache zu beherrschen, sondern zugleich von der Sprache beherrscht zu werden.

Neben diesen hochgestimmten Regeln spielen natürlich

auch nicht so hochstehende Strebungen gründlich mit: Ehrgeiz, Eitelkeit, Ressentiment … Das Übliche halt. Deshalb ist auch Schreiben charakteristisch für den Tatbestand, den ein berühmter, mittlerweile zum Kalauer gewordener Satz besagt: »Das Ich ist nicht Herr im eigenen Haus« – ein Satz, der für Süchte selbstverständlich, ja tautologisch gilt, auch weil sich behaupten lässt, dies sei geradezu der Zweck einer Sucht, so jemandem wie dem Ich das Hausrecht zu entziehen.

Im Café Weimar – ein Ort dieses Namens hat etwas von Hoffnung, hat etwas von Untergang, jedenfalls von enttäuschter Hoffnung, im Café Weimar starre ich in eine Zukunft, in der Elemente der zwanziger und der dreißiger Jahre renoviert und wieder neu montiert sein werden. Aber noch, gewiss nur noch für kurze Zeit, herrscht Ruhe, die Ruhe vor dem Sturm. Man sitzt im Café immer am Tisch, der immer auch zum Nebentisch werden kann. Ja, im Café Weimar könnte man einen Sinn, einen historischen Sinn für die Aktualität alter Namen und ihrer Bedeutungsfelder haben, für Zusammenhänge von Sparpolitik und Bankrott, für Militarisierung und Entzivilisierung der Gesellschaft.

Aber das sind nur Analogien, noch dazu solche, wie sie immer im Horizont von »es kommt doch anders, als man denkt« möglich sind. Ich muss aber sagen, dass ich, als ich die Auskunft anrief, um die Telefonnummer dieses Cafés zu erfahren, sofort bestimmt gefragt wurde, ob nun Weimar mit ai oder mit ei. Ich sagte, genauso wie die Stadt Weimar, und ich wurde sofort, ebenso bestimmt, wiederum zurückgefragt: »Also mit ai oder mit ei?« Auch die Auskunft ist nicht mehr, was sie einmal war. Auch Weimar, wie es einmal war, wird es nicht mehr geben, nicht in Berlin, Brüssel oder Washington, aber was es in Wien gibt, ist, mein Gott, das Café Weimar.

Am Nebentisch sitzen im Café Weimar zwei sehr alte Damen; die eine wurde schon vom Kellner angekündigt, dass sie kommen werde, dass sie dies und jenes von ihrem Erscheinen noch abhalte, und dass die Dame, die da kommen werde, schon mehrere Male angerufen habe, mit stets wechselnden Losungen, Befehlsausgaben; bei jedem Anruf wurde alles anders und von neuem bestellt ... Davon hatte der Kellner lautstark und leicht überfordert der anderen Dame berichtet, die schon da war und die ihre Freundin bereits erwartete. Als die Erwartete endlich heranrauschte, herrschte sofort Verwirrung: Die Angekommene, die ihre Wohnung gerade verlassen hatte, fand ihren Schlüssel, ihren Wohnungsschlüssel nicht. Sie durchsuchte alles, was ihr im Café unter die Finger kam, und es ist alles schwer zu finden, wenn das Erinnerungsvermögen nachlässt. Der Schlüssel tauchte schließlich auf, und zwar aus ihrer Handtasche, wo sowieso der vernünftigste und am meisten logische Ort seiner Unterbringung gewesen war.

Nun, glücklich über das nie verlorene Fundstück, bestellten die beiden Damen zu essen und zu trinken, und sie unterhielten sich über ihr Leben ... nein, genauer: Die Schlüsseldame hatte ihr Leben in den Mittelpunkt gestellt, und sie tischte eine Reihe von Bruchstücken einer Biographie auf, zu der Menschen gehörten, die auch ich, der neugierige Spitzel vom Nebentisch, aus Funk, Film und Fernsehen kannte. Die Indiskretion von Ohren ist grenzenlos, das heißt: Ohren haben ihre diskreten Grenzen dort, wo man zu hören aufhört. Solange es aber was zu hören gibt ...

Ich war von den Damen sehr eingenommen, denn bei ihnen ging es allmählich und dann mit einem Mal, von einem Augenblick zum anderen, hoch her. An meinem Nebentisch

wurde die Frage buchstäblich aufgeworfen, ob jetzt noch ein Glas kommen solle oder nicht. Der Kellner eilte heran, um seine Chance wahrzunehmen, ihnen einen Piccolo-Sekt anzudrehen, und er fädelte diese Andreherei so geschickt ein, als hätten die Damen ihrerseits nach einem Piccolo-Sekt verlangt. Die Schlüsseldame unterband das und krähte heiter, buchstäblich aufgekratzt die Frage in den Raum, ob nun noch zwei Gläser Zweigelt sein sollten oder nicht ...
Das ist der Punkt, an dem man das Maß, das zu halten einem vorgeschrieben ist, verlässt. Das Gift ist schon – Glas für Glas – eingedrungen und hat eine Stimmung erzeugt, die es plausibel macht, dass man mehr vom Gift will. Mit dem Essen kommt der Appetit. Man inszeniert seinen Willen, gibt ein Schauspiel, ob man noch will oder nicht, noch ein Glas oder vielleicht keines mehr. Dabei ist die Entscheidung längst gefallen, und die Willenskraft, über die zu verfügen man sich brüstet, ist perdu.
Ich weiß wenig, auch zu wenig über Psychologie, aber ich habe ein paar intensive Eindrücke, die mir viel ausgemacht haben. Zum Beispiel, vor Jahrzehnten, die Lektüre einer Schrift von Alexander Mitscherlich, in der es über Depressive hieß, dass es sinnlos sei zu glauben, sie müssten sich bloß zusammenreißen. Das könne ja ein jeder, sich zusammenreißen, glauben die Leute – das Problem aber sei, so Mitscherlich, dass diese leidenden Menschen nicht können können. Mit dieser verdoppelnden Wendung (nicht bloß nicht zu können, sondern nicht zu können können) ahmt die Sprache die gebrochenen Seelen nach – die armen Seelen haben zu den Kräften keinen eigenen und schon gar keinen direkten, unmittelbaren Zugang. Man kann an sie nicht appellieren, ihren Genussmittelmissbrauch einzustellen, weil sie nicht

nur nicht können, sondern sie können eben dieses Können nicht.
Zu den Kardinaltugenden, die sich die Menschen ausgedacht haben, um am Ende doch sagen zu müssen, *nobody is perfect*, gehört die Mäßigung. Ökonomisch gesehen scheint es auf den ersten Blick auch keinen Sinn zu haben (im Sinne von: es macht nicht glücklich), mehr zu konsumieren, als es guttut, als es angemessen wäre. Aber das Maß kann in einem Lebenslauf verloren gehen. *Too many drinks and too much food* mag man im amerikanischen Small talk antworten, wenn man gefragt wird, wie's so geht.
Das Übermaß an Genuss hinterlässt seine Spuren. Als ich um vieles schlanker (besser: um vieles weniger dick) war als heute, geriet ich mit einem Herrn in Alpbach ins Streiten. Dieser Herr in Alpbach, einem Ort im Tiroler Gebirge, war penibel damit beschäftigt, die Zeit, seine Zeit, Sekunde für Sekunde zu nützen, auszufüllen. Jede freie Minute ging er in die Berge. Diese Art der in meinen Augen zwanghaften Sportlichkeit fand ich kleinlich, quälend und ohne eine Spur von Großzügigkeit. Ich bin mehr für Vergeudung, und dieses Wuchern mit den Zinsen des Zeitbudgets, dieses ständige, penible Ausnützen der Stunden, die uns gegeben sind, empfinde ich als lebensfeindlich und widerwärtig. Fängt ja schon an bei Seneca. Dass die Menschen, sagt Seneca, »was am geringsten und billigsten ist, bestimmt aber ersetzbar, sich als Schuld anrechnen lassen [...] niemand jedoch meint, etwas zu schulden, der Zeit zum Geschenk erhalten hat – während sie indessen das Einzige ist, das nicht einmal ein Dankbarer erstatten kann«. Zeit als knappes Gut – Zeit, die man ständig verliert, während man sie hat, worauf ich mit Großzügigkeit reagiere, zumindest mit dem Wunsch nach Großzügigkeit,

um ihren Dauerverlust ins Leere laufen zu lassen, ein *time out* der Zeit, während aus demselben Grunde die Raschheit des Vergehens von anderen Menschen kompensiert wird, indem sie die Zeit nützen, kolonialisieren, bebauen und ausstaffieren mit den Realisierungen ihrer herrlichen Absichten, ihrer kontrollierten Lüste.

Der Bergwanderer antwortete mir »im Hinblick auf meine Figur«: So wie ich möchte er niemals aussehen, und deshalb schnürt er seinen Rucksack, macht sich auf in die Berge, während ich einem ewigen Après-Ski verfallen bleibe.

Es gibt einen moralisierenden Umgang mit den Süchten, dem ich die Moral nicht abspreche, jedenfalls nicht ganz abspreche. Das Überschreiten des Maßes aus hedonistischen Gründen ist der Versuch, einer der Folgen unserer Endlichkeit zu entwischen: Ich denke an die nicht geringe Zahl von Häfenbrüdern, die tagein und tagaus ihre Muckis trainieren. Sie kommen, wenn überhaupt, als Bodybuilder aus der Strafanstalt heraus. Bodybuilding in der totalen Institution, im Gefängnis, ist nicht bloß Zeitvertreib, obwohl die Zeit die eigentliche Strafe im Gefängnis ist. Im Gefängnis ist die Zeit für den Häftling so organisiert, dass sie auf ihm lastet, dass sie ihn quält. Im Gefängnis ist eine Abstimmung von Raum (den man nicht verlassen darf) und Zeit, die man im Überfluss hat, verwirklicht. Raum und Zeit sprechen unisono und arbeiten unisono gegen den Delinquenten.

Diese Delinquenten, die Eingesperrten, würden als Personen auseinanderfallen, hätten sie nicht – unter anderem – Übungen, Praktiken zur Selbstdisziplinierung. Das meinte ich: Diese Selbstdisziplinierung ist das Gebot aufgrund unserer Endlichkeit. Wir können nicht paradiesisch grenzenlos die Genüsse konsumieren, wenn wir (und »wir« – das ist die Gattung), wir das Leben, wie es so altmodisch, vom Handwerk beeinflusst heißt, meistern wollen. Zeitgemäß müsste es heißen: Um das Leben zu managen, müssen wir uns zügeln, disziplinieren. Es kann sein, dass auch die Selbstdisziplinierung in einem Leben nichts nützt, aber sicher ist, dass ohne Selbstdisziplin keiner den eigenen Lebenslauf, auch nur so weit es möglich ist, in die Hand nehmen, in den Griff kriegen kann.

Ich kann an dieser Stelle meine Grundthese über Sucht unterbringen. Dass nämlich Süchtige, ob es sie es wissen oder nicht, genau dies wollen: Sie wollen ihren Willen an der Garderobe abgeben, sie suchen die Rituale der Abhängigkeit auf, um nicht sein zu müssen, um nicht da sein zu müssen. Sie ersetzen den Daseinskampf durch ein noch viel strengeres Ritual, in dessen Mittelpunkt das Suchtmittel steht. Sie delegieren ihre relative Selbständigkeit an die ruinösen Praktiken des unbedingten Abhängigseins. Das macht sie in den Augen der anderen, der Ausgenüchterten, verdächtig: Die Lebenskosten, die das Dasein abverlangt, werden von den Nüchternen – das glauben die Nüchternen wenigstens – bezahlt (die nur hin und wieder einen draufmachen, um sich entspannt wieder einzufügen). Sie lassen sich nicht gehen und haben dadurch auch Kraft zu widerstehen. Sie haben Widerstandskraft, wie sie den Vorstellungen von Würde entspricht. Würde, ein altes Wort, nicht nur als Wort alt in Zeiten, in denen Menschen massenhaft ihre Gesichter verlieren, rapportiert und provoziert und durchgeführt von den Massenmedien. Nach Karl Kraus existiert Würde höchstens in der Möglichkeitsform: »›Würde‹ ist die konditionale Form von dem, was einer ist.«

Dennoch steckt Würde – als Utopie – in vielen, zerstreuten,

anders als mit Würde benannten Aktionen und Bewertungen, die Menschen einander im Guten und im Bösen zuteil werden lassen. Sie steckt auch in einer Form der Perversion, in einem – gegenüber der Würdelosigkeit angefachten, hervorgeganselten, aber auf die Hervorrufungen gierig wartenden Voyeurismus. In der Exhibition der Würdelosigkeit steckt die Utopie der Würde, auf eine würdelose Weise, also pervertiert. Jahr für Jahr zum Beispiel zeigt das Fernsehen, wie die Trinker beim Münchener Oktoberfest im Freien und im Kollektiv ihre Notdurft verrichten. Aus England zum Beispiel senden die außenpolitischen Redaktionen gerne die Folgen des Saturday-Night-Out-Fever: kopulierende Paare in schmuddeligen Gassen vor den Pubs, lärmende Menschentrauben, jeder Einzelne, wie es heißt, außer sich. Auch die Menschen, die zum Beispiel in Dresden mit verzerrten Gesichtern »Wir sind das Volk!« brüllen, sind, während sie glauben, ihre Souveränität unter Beweis zu stellen, Objekte eines Voyeurismus, der ihre exaltierte Hässlichkeit gruselnd willkommen heißt.

Die Massenmedien zeigen gerne den Junkie, auch den, der gerade in einem Bahnhofsklo verreckt ist, wahrlich kein würdiger Tod in einer unserer *Facilities*. Schaudernd bekommt der Zuschauer die Instrumente der Sucht als Symbole zu sehen: die Spritzbestecke der Heroinsüchtigen, das Zubehör der Cracksüchtigen. *Crackwhores*, die Geständnisse der *Crackwhores*, der Crack konsumierenden Huren, gehören zum Inventar der eingebürgerten Pornoseiten im Internet.

Ich will aber jetzt gerade nicht in den Diskurs verfallen, der von der Maxime geleitet wird, die Süchtigen seien immer die anderen. Dieser Verweis auf die anderen funktioniert nach dem Muster von offensichtlich narzisstischen Psychologen, die unter Vortäuschung einer Diskussion mit ihren Erkenntnissen einander übertrumpfen, wie widerwärtig narzisstisch gestörte Menschen sind. Ihre eigene Störung halten sie für pure Gesundheit. Da gehe ich lieber das Risiko des Geständnis-Kitsches ein und rede – scheinbar nebenher – von der mir am vertrautesten Sucht, also von meiner Sucht. Die Umschweife: Ich hatte das Glück, im Fernsehen auftreten zu dürfen – in einer Sendung mit dem Serientitel »Matinee«. In meiner Matinee zeigte man einen Film über Wein, und danach sollte ich mit dem Moderator über den Film und zum Thema Wein sprechen. Der Film war in Ordnung, von einer opulenten Ästhetik, ein Farbenspiel zur Übersättigung der Augen; er hatte aber einen Knick, der charakteristisch ist für den Umgang mit potenziellen Suchtmitteln: Die Farben malten die Kultur des Weines in allen Varianten aus – aber dann knickte der Genuss-Freude-und-Lust-am-Wein-Diskurs ein, und ein verdienstvoller Psychiater hatte im Film seine großen Sekunden.

Erst wird Propaganda gemacht und dann mit dem Tod, mit der Leberzirrhose gewunken, vor der uns freilich die Therapie retten wird. Dieser Gesellschaft gelingt es nicht (vielleicht ist es auch unmöglich), in Balance einerseits den Genuss zu zelebrieren, ohne andererseits die Tatsache zu erwähnen, dass er tödlich sein kann. Die bürokratischen Floskeln auf den Zigarettenpackungen bezeugen es ebenso wie trinkfreudige Filme über den Wein, die ihre besten Szenen im Unterbrechen durch die Warnung vor dem Wein haben. Es gibt eben schwache Menschen unter uns, die an den Freuden der anderen (und zwar nicht aus Neid, sondern weil sie diese Freuden auch selber haben) zugrunde gehen. Beim Zeigen solcher Tatbestände nimmt man abwechselnd zwei Möglichkeiten wahr: erstens, dass man die Propaganda für den Genuss kurzfristig mit Einschüben über dessen eventuelle Schädlichkeit versieht. Zweitens aber, dass die Propaganda einhergeht mit der Verharmlosung, ja, dass sie nichts liefert als eine Ausschmückung der Harmlosigkeit einer eventuell lebensgefährlichen, zumindest zerstörerischen Obsession – siehe vor allem die Reklame, die fürs Spielen im Casino betrieben wird. Die reinste Nettigkeit, so ein Abend im Casino und im Abendkleid – wer wird da an eine Sucht und gar an die Spielsucht denken?

Eine Fernsehkritikerin beobachtete genau die Matinee, in der ich auftrat. So wie ich für Zeitvergeudung bin, bin ich auch – wie verkehrt es immer sein mag – gegen eine totale Medizinisierung der Sucht. Ja, wenn jemand Heil sucht in der Anstalt, bin ich sofort dafür, dass er sein Heil dort auch findet. Wenn jemand das, was ihn zerstört, zugleich auch für seine Rettung hält (das ist die Illusion der Sucht), dann behaupte ich, das liegt in seiner Freiheit. Menschen haben die Freiheit, die Unfreiheit zu wählen – und wenn sie das in der Politik immer tun, kann man doch annehmen, dass sie in ihrer Selbstsorge auch darauf aus sein könnten, ohne dass man sie sofort krankschreiben muss. Ich hatte einen Text geschrieben unter dem Titel »Trunksucht als Menschenmöglichkeit«, womit ich – wie das Existentialisten so tun – behaupten wollte, ja, die paradoxe Behauptung aufstellen wollte, dass auch die Sucht eine Wahl ist (und wenn's der eigene Körper ist, die *physis*, die einen hineinzieht). Es mag keine freie Wahl sein, aber bevor man sich abhängig macht, hat man sich auf irgendeine Art, von mir aus unfreie Art, für das Risiko entschieden, abhängig zu werden. Daher sind die Abhängigen nicht nur abhängig, sondern sie sind es in Folge

einer (überspitzt gesagt) Entscheidung aus einer Zeit, als sie noch nicht abhängig waren.
Daher ist die Sucht nicht allein Objekt der Medizin, sondern auch eine generelle Menschenmöglichkeit, sie ist – hilflos gesagt – etwas Philosophisches. Ich denke an den Trinker in »Unter dem Vulkan«, dem Roman von Malcolm Lowry – eine schmerzende Seele, in der Liebe und Tod sich mixen, so wie der Barkeeper seine Drinks mixt. Und diesen Trinker, wie er im Buche steht, könnte man nur unter schweren Abstrichen und Verletzungen seines Wesens heilen. Seine Heilung liefe am Ende auf eine ähnliche Selbstzerstörung hinaus, wie er sie mit seiner Trunksucht eh schon hat. Wozu sich noch durch Heilung ruinieren?
Eine Fernsehkritikerin beobachtete also genau die Matinee, in der ich meine fragwürdigen Ansichten zum Besten gab. Sie notierte die Schlagworte, mit der ich die Selbstbestimmung des Trinkers behauptete (der sich eben durch Trinken von dieser Selbstbestimmung befreien will). Schließlich lobte die Kritikerin den Moderator, denn in ihren Augen hatte er mich überführt. Nach meinen Tiraden hatte er mich nämlich »ganz unschuldig« gefragt, was ich denn gerne trinke, und darauf hatte ich dann tatsächlich meinen Einkaufszettel von Wein und Co referiert. Gut, ich hätte ja auch mit Brecht sagen können, dass ich nicht trinke, man ist ja auch im nüchternen Zustand besoffen genug! Ich hatte diesbezüglich nichts zu verbergen. Aber die Redakteurin der Zeitung, die mich in der Matinee beobachtete, war der Ansicht, ich sei bloßgestellt worden: Der Fernsehmoderator habe mich mit seiner Frage, ob ich denn auch gerne trinke, aufs Glatteis geführt, und ich sei prompt ausgerutscht. Meine Kritik an der Medizinisierung der Trunksucht sei in eigener Sache gewesen, je-

der spricht ja von nichts als von sich, vor allem im Fernsehen. Auch der zitierte Bergwanderer, dessen Zeitgeiz ich geißelte, wollte mich bloßstellen, weil er in Form war und ich mit seiner Form nicht mitkonnte.

Sucht ist ein Stigma, wer sie dir auf den Kopf zusagt, stellt dich bloß. Zum Stigma gehört das Stigmatisieren. Ich müsste tatsächlich besoffen gewesen sein, um einen so schlauen Moderator nicht durchschaut zu haben. Aber Wein trinke ich in Maßen. Verbergen würde ich lieber, was man mir ansieht, nämlich: Ich esse viel zu viel. Verbergen: Die Frau von Oliver Hardy, dem dicken, fetten Komiker, hat es erzählt als *one of those things*, wie sie zwischen Mann und Frau in der Zweisamkeit geschehen. Ihr Mann war ein vorzüglicher Koch, ein Gourmet und ein Gourmand, aber er hasste das Fett an seinem Körper. Er hasste also seinen Körper. Da stand er hinter ihr, als sie sich vorm Spiegel schminkte, und er sagte: »So einen fetten Mann kannst du doch nicht lieben.«

Der Satz bereichert das Suchtproblem um den einen Punkt: Liebe, wie kann man mich lieben?, aber auch – nach Zeit, Geschichte, abgelaufener Zeit: also Tod, den man sich als Süchtiger holen kann – um den Punkt des Schämens. Mit dem Schämen ist man noch dem Normalkonsens verbunden, akzeptiert noch die Kontrolle von außen, die man aber schon außer Kraft gesetzt hat, als man über die Maßen aß. Das Übermaß an Genuss hinterlässt seine Spuren. Man ist noch nicht der schamlose Süchtige. Man will nicht, dass man einem das Offensichtliche anmerkt (da hat man noch seinen Willen). In Reaktionen von Überkompensation gegen das Schämen gibt es Versuche der Selbstbehauptung, in denen der sich angegriffen Fühlende die Schuld an seinem Zustand den anderen gibt.

Von mir hört derjenige, der Folgendes gesagt hat, keine Kritik, im Gegenteil, ich bin auf seiner Seite. Ich rede von Peter Kern, dem klugen und witzigen Filmemacher, dem Bruder leider nicht im Geiste, sondern im Körper. Er hat eine Dokumentation über ihn selbst kommentiert. Die Dokumentation, die »Kern« heißt, wurde in der Zeitung mit den Worten vorgestellt, sie würde versuchen, »dem Filmregisseur, Schauspieler, Essayisten, Autor, Querulanten und grantelnden Wiener auf den massigen Leib zu rücken. Nicht immer eine leichte Sache, denn zwischendurch kann Kern ganz schön unwirsch werden.«

Schön, und Kern sagte in dem Interview, was andere über ihn dächten, sei ihm wurscht. Das klingt leicht paradox, denn es ging ja um einen Film, der seinen Namen trägt, um »Kern«, die Dokumentation. »Wurscht, was die Leute über mich sagen«, sagte jedenfalls Kern, »Ich kann ihnen meine Fettschürze zeigen, die bis zum Boden reicht, und sagen: Das bin ich. Das habe ich mir angefressen aus Schutz vor euch, damit ihr mir nicht noch meine Seele und meinen Bauch wegnehmen könnt.« Ja, ihr seid also schuld, schämt euch. Da ist etwas sehr Wahres dran, an der Kern-Geste, und es ist auch ein Protest gegen das Wegtherapieren. Ich bin es, da gibt's nix zum Heilen, mein Bauch gehört mir. Was die einen für Entstellung halten, stellt meine Stellung im Leben dar, die ich gegen euch einnehme.

Indem der Stigmatisierte sich mit sich einverstanden erklärt, besteht er auf seinem hinzunehmenden So-Sein, auf seiner Würde, die die Leute angreifen mit dem, was sie über ihn sagen mögen. In der Geschichte, die ich mit dem alten Wort Würde zu erzählen versuchte, ja, in dem Wort Würde kann man die Idealisierung eines anderen Problems vermuten: Der Würdelose gibt seine soziale Funktionstüchtigkeit zugunsten seiner Sucht auf. Der Dicke – ach, das habe ich mir selbst oft schon sagen müssen – trägt sein Stigma heillos sichtbar herum. Die anderen Neurotiker, die einen umgeben, sind fein raus: Bis man draufkommt, was sie entstellt, ist es oft zu spät. Zur theologischen Diskriminierung (Völlerei ist eine der Todsünden) und zur ästhetischen Diskriminierung kommt über die Gesundheitsschiene neuerdings auch die ökonomische hinzu. Ich habe gehört, dass die Fettleibigkeit von Thilo Sarrazin in seinem Buch »Deutschland schafft sich ab« aufgegriffen wurde; Fettleibigkeit koste die Gemeinschaft zu viel.

Leute wie Sarrazin kommen durch ihre Gehälter und Pensionsregelungen die Gemeinschaft auch nicht billig: Was für Maßlosigkeiten!, die ihren Nutznießern natürlich angemessen vorkommen. Von diesem Typus des rechten Sozialdemokraten habe ich auch einmal ein Exemplar kennengelernt. Er wirkte wie ein verkleinerter Klon von dem, was Sarrazin ganz groß darstellt. Zuerst erklärte er im privaten kleinen Kreis, wo es langgeht, und dann spießte er mit dem Zeigefinger auf, was seinen richtunggebenden Ansichten im Wege stand: Dicke wie ich zum Beispiel, sie ruinieren die Krankenversicherung. – Ja, aber … Aber andererseits wiederum wird ein betriebsamer Mensch wie ich, gleich ob dick oder nicht, von der SVA, von der Sozialversicherungsanstalt der gewerblichen Wirtschaft, abgezockt wie früher nur die Bauern, wenn sie in Wien auf der Messe waren und in der Großstadt nach Vergnügungen Ausschau hielten.

An dem Vorwurf des rechten Sozialdemokraten ist nicht erwähnenswert, dass der Vorwurf mich hätte treffen sollen, also nicht das Private, sondern es ist das Exklusionsbedürfnis, die Ausschlussfreudigkeit, die Diskriminierungslust, gegen die man sich, auch wenn's nix nützt, schon einen Bauch wachsen lassen kann, um diese Leute von einem so fern wie möglich zu halten. Der Vorwurf des rechten Sozialdemokraten orientiert sich ausschließlich am Stigma, an der Sichtbarkeit der Folgen der Völlerei. Der Vorwurf, die Krankenkassa arm zu machen, müsste auch Menschen gemacht werden, die zum Beispiel in neurotischer und in finanzieller Abhängigkeit zu ihrem Chef stehen, bis sie der Herzinfarkt eine Zeitlang oder ewig davon erlöst. Im Spital haben die Armen viel gekostet, weil sie sich unerträglichen Situationen hingaben. Dem Gesundheitssystem erwachsen unendliche Belastungen, ökonomische und personelle, daraus, dass es nicht wenige Menschen gibt, denen die Kraft fehlt, sich aus krankmachenden (auch selbstverschuldeten) Umständen zu befreien. Der Versuch, einigen von ihnen, nämlich denen, den man es äußerlich ansieht, alles anzukreiden, verstößt gegen das Solidarprinzip, das nach meiner Ansicht nicht wählerisch sein kann.

Aber die rechte Sozialdemokratie hat Prinzipien jener sozialen Kreise übernommen, in die die sozialdemokratischen Funktionäre endlich hineingewachsen sind. Sie haben Karriere gemacht – und die armen Hunde machten für sie die Räuberleiter. Wolfgang Clement, der ehemalige und heute schon vergessene deutsche Wirtschaftsminister, hat den Slogan seiner Gruppierung beim Wort genannt, natürlich nicht ohne die Einleitung: »Sie mögen es zynisch finden.« Der Slogan fiel im Hinblick auf die von Hartz IV ausgepowerten Menschen, und er lautet: »Der Blick in den Abgrund gehört meiner Ansicht nach dazu, wenn die Kräfte mobilisiert werden sollen.«

Mit dem Abgrund und auch mit den Kräften bin ich wieder beim Thema. Der Kult der Selbständigkeit, an dem der Begriff der Würde teilhat, kulminiert in der Verwendbarkeit des Menschen. Die kiffenden und anderen sogenannten bewusstseinserweiternden Drogen aufgeschlossenen Studenten von einst, also von 1968, waren für nicht wenige Modernitätstraditionalisten auch deshalb ein Schrecken, weil diese Studenten einen Lebensstil pflegten (und vorbildhaft vor Augen führten), mit dem man unfähig war, der modernen Arbeitswelt zu genügen. Den Umkehrschluss halte ich aber für einen Fehlschluss, nämlich die Nichtverwendbarkeit (zu der wohl vieles gehört, was dann das Gesundheitssystem etwas kostet) für einen Widerstand zu halten. Den Süchtigen als Widerständler zu romantisieren – das geht nicht gut und greift zu hoch. Aber natürlich, Widerstand ist so kostbar und selten, dass man jeden nehmen muss, der nur im Geringsten dafür in Frage kommt.

Schämen ist eine Reaktion, der die Aktion des Beschämens entspricht: Der Mann saß da, irgendeiner, den sie fürs Fernsehen aufgetrieben und zurechtgemacht haben – ein Häuflein Elend, nein, nicht wie eine Häuflein, dazu war er zu dick, er saß da wie ein Haufen Elend, ein Riesenhaufen von Unglück, und während die Kamera sein Gesicht abfuhr, hörte man eine sogenannte Lebens- und Sozialberaterin über ihn reden. Sie redete unaufhörlich, auch wenn die deutsche Sprache nicht ihre Stärke zu sein schien – einerseits pendelte sie sprachlich hinüber zum Dialekt, in dem sie nicht steckenbleiben wollte, auch weil sie für dessen Schönheiten keinen Sinn hatte. Andererseits sprach sie kein Hochdeutsch, sondern eine Mischsprache, durchsetzt mit Fachwörtern, aber auch in der Fachsprache traute sie sich nicht viel zu. Sie sprach einen billigen Bildungsjargon, eine Wegwerfsprache mit verblasenen Versatzstücken aus der Psychologie und aus der moralisierenden Predigt. Klar war nur das Objekt ihrer Rede: der hoffnungslos Dicke, der schwer mit Fettsucht, mit Adipositas geschlagene Mann.

Das Merkwürdige an ihm war: Er hatte einen riesigen Körper und den gut dazu passenden Kopf, aber er hatte unendlich schmale Lippen, und diese Lippen waren auf den Diskurs der Lebens- und Sozialberaterin eingestellt. Er hörte gleichsam mündlich zu, mit den kleinen, zusammengekniffenen Lippen. Sie sprach frei von der Leber weg, die sicher keine Fettleber war, nämlich darüber, dass dieser dicke Mann sich gar nicht so sehr in Ausreden verstrickte, wie man es sonst von seinesgleichen erwartet. Der Mann muss also ein Bekenner gewesen sein, ein Bekenner des Offensichtlichen, denn dass er, der in Trainingshosen, auf dem Sündenbänklein der Talkshow saß, monströs war, das konnte niemand übersehen.

Im Showgewerbe arbeitet man seit eh und je mit dem Monströsen. Die Talkshows, noch die primitivsten, hängen darüber ein Mäntelchen von Aufklärung und Menschenliebe: Man will dem Fettling raten und helfen – als Dank dafür, dass er sich gratis zu Schau stellt. Die unendlich unbegabten Moderatoren und Moderatorinnen, Menschen, die zu nichts zu gebrauchen sind und die mühselig ihrem Verstand den Quatsch abringen, für den sie *gebrieft* worden sind, kassieren ordentlich, während wir Dicken, die einen Körper von öffentlichem Interesse haben, den man herzeigen kann, nichts kosten.

Die dicken Körper lösen Ekel aus oder Mitleid oder Verachtung oder ein Stöhnen: Mit so einem würde man nie ...

Dicksein ist eine derartig eindeutige Eigenschaft, dass man, egal bei wem sie auftritt, verallgemeinern und grundsätzlich sagen kann: »Dicke mag ich nicht.« Da hatte Oliver Hardy schon recht, aber nicht zuletzt war er einer derjenigen, der mit dem Ausstellungswert seines Körpers spielte und damit erfolgreich war – so lange, bis der Schlaganfall ihn auszehrte. Wenn es irgendjemanden gab, auf den die Wendung »vom Tode gezeichnet« passte, dann war es Hardy: Seine letzten Tage verbrachte er dürr (»The thin man«), »bis aufs Skelett abgemagert«.

Dicke Körper sind ideal für das Schaugewerbe (weil sie primitive Reaktionen auslösen, ohne dass der existenzielle Abgrund zum Vorschein kommt, der bei zur Schau gestellten Heroinkonsumenten offensichtlich ist und ins Auge sticht). Ideal für die Show ist der Dicke nicht zuletzt im Kontrast mit den Dünnen: Es sind Olli und Stan, die zusammen ihr Spiel machen. Stan Laurel sprach übrigens dem Alkohol zu, zusammen waren die Komiker Essen und Trinken.

In einer verfetteten und verfilzten Gesellschaft sind die vorgeführten Dicken auch Blitzableiter für Gedanken, die tiefer eindringen in die Übel der Welt als das Hinzeigen auf monströse Körper. Das Privatfernsehen bietet eine Sendung an, in der dicke Frauen und Männer beim Versuch, abzunehmen, gezeigt werden. Der Gewichtsverlust erfolgt durch Foltermethoden, in die die Gequälten einwilligen, um sich, koste es, was es wolle, von ihrem Stigma zu befreien. Sie laufen, sie heben Gewichte, sie turnen weit über ihre Grenzen hinaus. Wer nicht mitkommt, wird aus dem Camp ausgeschlossen, die Selektion ist hart und zum Fürchten. Der Moderator, in dessen Sendung die Dicken ausgestellt werden, unter dem Vorwand, man wolle ihr Essverhalten verbessern, zitiert Shakespeare: »Der Körper ist unser Garten, und der Gärtner ist unser Wille.« Der Wille ist immer der Mörder. Die Diätassistentin im Fernsehen legt einen riesigen Haufen Zuckerstücke auf den Tisch und sagt zum dicken Objekt ihrer Erziehungslust: »Schauen Sie, so viel fressen Sie pro Tag an Kalorien.« Der Dicke staunt mediengerecht in die ihn verfolgende Kamera.

Für die Theorie, die sich mit Sucht beschäftigt, erscheint mir die Völlerei, die Fettsucht von großem Wert. Erster Grund: So wie die Sprache in den Künsten privilegiert bleibt, und zwar in dem Sinne, dass Menschen gemeinhin sprechen oder schreiben müssen – zeichnen, malen, singen hingegen müssen sie nicht. So wie also die Sprache privilegiert ist, so ist Essen und Trinken, wenn sie in ein Suchtverhalten münden, in dem Sinne privilegiert, in dem das Suchtmittel unverzichtbar bleibt. Essen muss man, trinken auch, wenngleich nicht Alkohol. Aber immerhin, man flößt sich das Zeug ein, auf die gleiche Weise, in der man auch Wasser oder Frucade trinkt.

Zweitens aber glaube ich nicht, dass es ein Phänomen gibt, an dem es sich so sinnfällig wie bei der Völlerei zeigen ließe, wie aus einer Sünde ein seelisches und schließlich ein medizinisches Problem wird. Auch die Sünde geht den Weg alles Irdischen: Sie wird entdämonisiert und schließlich banalisiert. Was die Völlerei betrifft, ist die Sünde der mehr umfassende Begriff. Eine Sünde begeht auch der, der über alle Maßen frisst und säuft – und der dennoch nicht dick davon wird. Die Hageren, die in dieser Sünde leben, leben hoch! Ihrer ist zwar nicht das Himmelreich, aber sie sind auf Erden eher als die Dicken sicher vor Psychologen und Medizinern.

Die Fettsucht, medizinisch *adipositas*, ist also eine der deutlichen Belege dafür, dass die Menschen den Begriff von Sünde,

den sie einmal hatten, durch den Begriff von Krankheit oder durch den Begriff von seelischer Krankheit, also Sucht, ersetzen. Für einen Gegenstand der Psychologie und der Medizin steigt der Grad an Aufgeklärtheit, es geht aber einiges von dem verloren, was die Sünde noch über den Sünder verriet. Dem Süchtigen ist seine pervertierte Lust zugleich Strafe: Die traurigen Damen zum Beispiel in »Paare Passanten«, einem Buch von Botho Strauß, vermehren mit jedem Bissen vom Kuchen ihr schlechtes Gewissen – und das setzt den berüchtigten Kreislauf in Gang: Das schlechte Gewissen fordert Trost, und der Kuchen wiederum, der zum Trost eingenommen wird, steigert von neuem die Schuldgefühle. Das ist eine erbärmliche Existenz, bei der das, was Lust macht, in der Erfüllung zugleich die Sehnsucht nach Strafe weckt, um das Schuldgefühl zu bereinigen. Wie vermag da jemals der unvermeidliche Kuchen zu schmecken?
Man kann dieser Erbärmlichkeit durch Disziplin einerseits, aber andererseits auch durch heroische Hingabe an sein Suchtverhalten begegnen: Man steht dazu, wie die Phrase heißt, und der Trinker deckt sich vielleicht mit Vitamin B ein, um die eventuellen Schäden seiner Sucht im Maß zu halten.
Ein dritter Grund, aus dem die *adipositas* theorierelevant für das Suchtproblem ist: Man kann die Historizität eines Suchtverhaltens an der Fresssucht (und ihrem Hintergrund: dem Mangel) leicht sehen: Mein Vater hatte als Kind den Hunger in der Zeit des Ersten Weltkriegs noch erlebt und – wie die Mutter – die entsetzliche Krise der dreißiger Jahre. Die Krise war sozusagen der Gründungsmythos der Persönlichkeiten meiner Eltern. Viele Menschen, denen mein Vater später seine Geschichte erzählt hat, die Geschichte der

Arbeitslosigkeit, der Armut und des Hungers, waren von der Reminiszenz erschüttert. Es waren die Frauen, die in den Familien dazuverdienten; sie warfen sich auf den Arbeitsmarkt, und der hat sie verschluckt, und dann hat er sie jeden Abend gegen 17 Uhr wieder ausgespuckt. Die Frauen gingen nach Hause und machten – nach der Arbeit – Vätern, Söhnen und Töchtern das Essen.

Das Essen spielte, als es endlich zur Verfügung stand, schnell eine unangemessene Rolle mit einem Ticket in die Maßlosigkeit; es wurde überaus wichtig, der Schock des Hungers von anno dazumal wurde durch Fressen überkompensiert, und in meiner Familie verlor man bald das Gefühl dafür, wann genug ist. Immer satt sein zu können und mehr als satt sein zu können – das stand am Speiseplan. Dieser Plan ist nicht unverständlich, aber er verletzt eine Grundregel: Ziel des Essens ist nämlich nicht, satt zu werden, sondern hungrig zu bleiben. Das ist nicht unbedingt eine pseudophilosophische Floskel, auch keine Aufforderung zur Askese, sondern die Maxime stammt aus der Erfahrung des andauernden Sich-Überessens, das den möglichen Genuss ruiniert, das das Schmecken zerstört und an eine Sucht delegiert, die durchaus eine Menschenmöglichkeit darstellt, nämlich die Bindung des dauernd gesuchten und immer schon verlorenen Genusses an die Selbstzerstörung.

Adipositas. Es ist die Maßlosigkeit, die Unmäßigkeit, unter der die Völlerei theologisch firmiert, und ich glaube, dass hinter dieser Theologie auch ein cooles antikes Ideal steht, das Ideal der Mitte und des Maßes, durch das die Menschen instand gesetzt werden sollen, glücklich und entsprechend der kosmischen Ordnung zu leben. Die christliche Sündenlehre allerdings, zumindest in ihrer historischen Fassung, ist gar nicht cool. Sie verdammt den Sünder, der ohnehin schon verdammt ist, extra noch und zwar leidenschaftlich, wenn nicht geifernd. In Dantes »Göttlicher Komödie«, und zwar im dritten Höllenkreis, trifft der Autor, also Dante höchstpersönlich, auf die Seelen der Gefräßigen, die im eisigen Regen auf dem Boden liegen und vom Höllenhund Cerberus – hier Sinnbild der Gefräßigkeit – bewacht und geschunden werden.

Die Gewalt, die dem Sünder in mittelalterlichen Gewaltdarstellungen passiert, ist eine dialektische Parallelaktion zu seinem irdischen Wandel, zur Immanenz: In der höllischen Transzendenz wird der Hochmütige niedergeworfen und so weiter, der Gefräßige kann schon allein der nassen Witterungsverhältnisse wegen, wegen dieser Unwirtlichkeit, nichts mehr zwischen die Zähne bekommen. Die anderen Todsünden sind Stolz / Neid / Zorn / Trägheit / Geiz und Wollust – nur damit man den Rang der Völlerei erkennt.

Die moralisierende Entgegensetzung, in diesem Teil der Welt hier herrsche Völlerei und in einem anderen Teil der Hunger, trifft die Sache nicht. Der Hunger muss abgeschafft werden, so viel ist sicher. Allein, die Entgegensetzung stimmt, was die Fresssucht betrifft, nicht – es handelt sich vielmehr um zwei einander ergänzende Arten von Elend. Versteht man unter der Fresssucht eine Sucht, dann stehen die Süchtigen im Zeichen eines Prinzips, das man etwas schematisch mit Schopenhauer so beschreiben kann: Menschen sind entweder mit der Not des Daseins, mit dem Überleben vollauf beschäftigt. Oder sie sind frei von Not, dann aber quält sie die Langeweile (ich füge hinzu: die innere Leere und ähnliche spirituelle Gespenster). Das Unbehagen an der Kultur, das neurotische Leid, das einem solche Gesellschaften wie die unsere antun, lässt sich nicht von allen aufrecht ertragen. Viele wirft es um, und sie suchen Halt. Der Fresssack auf unserer Seite des Globus ist nicht unbedingt der Zyniker, als der er objektiv gegenüber der Masse der Hungernden erscheint. Er ist auf seine ungesunde Art ein Symbol für das verheerende Weltungleichgewicht: dort die rohe Not, hier das neurotische Leiden. Das Problem ist nur, dass das alle wissen sollten, ohne dass die, die der Völlerei huldigen, es als Ausrede, als Legitimation dafür verwenden dürfen, zu bleiben, wie sie sind. Für ihre Unverbesserlichkeit müssen sie schon selber einstehen, es gibt keinen Grund, durch den sie sich davon entlasten könnten.

Das Problem der einander ergänzenden Übel: auf der einen Seite die voyeuristische Diskriminierungslust und auf der anderen Seite, auf der Seite der Selbstdisziplinlos-Willensschwachen, das Kalkül mit der Verantwortungslosigkeit, ein Vorschlag, sich alles herausnehmen zu dürfen, weil man ja für nichts was kann. Das Problem besteht nichts zuletzt darin, dass es einerseits ein berechtigtes Interesse an menschenmöglichen Abgründen gibt (schon allein aus der Notwendigkeit, sich um sie kümmern zu müssen). Andererseits gibt es, wie schon gesagt, die Menschenmöglichkeit des Nicht-Können-Könnens. Dennoch darf keiner von uns, die etwas nicht können können, sich aufs Nichtkönnen berufen, um durchzurutschen. Daraus folgt die paradoxe Situation, dass die moralischen Argumente, mit denen man die Willenlosen (nicht zuletzt vor sich selber) schützt, von diesen Willenlosen nicht selbst ins Treffen geführt werden dürfen; es steht ihnen gleichsam nicht zu, den Schutzmantel, mit dem man sie umgeben muss, dafür in Anspruch zu nehmen, dass sie bleiben dürfen, wie sie sind. Sie müssen – wie alle Menschen –

ihr Leben ändern: »... denn da ist keine Stelle«, heißt es bei Rilke, »die dich nicht sieht. Du musst dein Leben ändern.« Das genau können aber die einen nicht – und dennoch sollten sie – ihrer Würde wegen – behandelt werden, als ob sie's könnten, wenngleich sie es, um gut behandelt zu werden, also ihrer Würde entsprechend nicht können müssen.

In einem Lied von Falco wird von der Lebenslust gesungen, die einen umbringt. Lebenslust, die einen umbringt, ist eine der möglichen Definitionen von Sucht. Auf jeden Fall gilt, was der Arzt Reinhard Haller zu bedenken gibt, dass nämlich Rausch und Sucht »komplexe, vielwurzelig bedingte und mehrschichtige Phänomene« sind. Das bedeutet, dass man sie mit einseitigen Erklärungen nicht verstehen kann. Da diese Phänomene aus offensichtlichen Gründen auch unter medizinischer Beobachtung stehen, also mit Heilung und Gesundheit zu tun haben, sind Vereinfachungen umso problematischer. Mit dem Glück aber kommt erst recht ein vielschichtiger Faktor dazu, der, obwohl Glück auch zur Gesundheit beiträgt, nicht mehr psychiatrisch aufschlüsselbar ist. Vereinfachungen herauszuarbeiten, eingedenk ihrer Vorläufigkeit und um sie einer Diskussion zu stellen, ist vielleicht keine schlechte Methode, und in diesem Sinne wiederhole ich meine Grundthese zur Sucht. Süchtige wollen ihren Willen an der Garderobe abgeben, sie suchen die Rituale der Abhängigkeit auf, um nicht sein zu müssen, um nicht da sein zu müssen, um in ihnen als handelnde, verantwortliche Menschen zu verschwinden. Zumindest während der Momente, da sie ihrer Sucht frönen, hat das Chancen – und es kommt darauf an, ob sie einer Sucht frönen, die Momente glücklichen Nichtseins gestattet, ohne einen Menschen schließlich ganz zu beherrschen.

Warum will ein Mensch nicht da sein? Mit meiner Antwort schieße ich den Vogel der Vereinfachung ab: Ein Mensch will nicht da sein, weil er nicht glücklich ist. Er muss, um nicht da sein zu wollen, nicht unglücklich sein. Es genügt, dass er mehr vom Glück will, als es im endlichen Leben gibt. Eine berühmte Formel der Selbstprogrammierung lautet ja: Ich will alles und mehr. Man nennt das auch: Gier. Nicht glücklich sein bedeutet: das Leben, wie es ist, nicht bejahen können. Dass dies eine Kunst ist, wenn man will, ein Kunstgriff, zeigen die Theorien von *amor fati*, von der Liebe zum Schicksal. Amor fati »die Bejahung des notwendigen Geschicks als Zeichen für menschliche Größe«.

Wenn menschliche Größe nicht überhaupt ein Hirngespinst ist oder, harmloser, bloße Schmeichelei, die Menschen ihrer Gattung, also sich selbst offerieren, dann sind's naturgemäß nur wenige, die sie verkörpern. Der Rest ist dafür anfällig, das Leben nicht bejahen zu können. Davon können einige es genug bejahen, um, wenn auch nicht da sein zu wollen, nicht fort sein zu wollen. So wie es den heroisch Süchtigen gibt, William S. Burroughs zum Beispiel, dem es gelang, die härtesten Niederwerfungen durch seine Heroinsucht in einen bewunderten Lebensstil zu verwandeln, der obendrein noch wie gewollt aussah, so gibt es die jämmerliche Variante: Auch die zitierten Kaffeeschwestern bei Botho Strauß, die sich durch den Genuss des Kuchens zugleich selbst bestrafen, haben ihre handelnde Kompetenz, ihre potenzielle Souveränität an die Abläufe von Schuldgefühl und Erfüllung delegiert.

Durch die Jahrhunderte hat die Philosophie seit der Antike Bilder von Menschen entworfen, in denen Menschen ungebrochen erscheinen und die gebrochenen Menschen nur Nebensache sind. Diese Entwürfe sind nicht überflüssig, sie sind richtungweisend, aber sie müssen korrigiert werden. Michel Serres, der Naturwissenschaftler und Philosoph, hat das mit aller Deutlichkeit gesagt. Ich zitiere: »Kind, Greis, Jugendlicher, Migrant, Kranker, Sterbender, hungernd, verrückt vor Schmerzen. Ecce Homo. Das ist der Mensch. Nach unseren aktuellen Berechnungen mehrere Milliarden auf dem Planeten.« Das heißt also, die sogenannte Normalität lässt sich nicht von der Gesundheit bestimmen, sondern normal ist eigentlich das, was dieser philosophische Diskurs über Jahrhunderte ausgegrenzt hat. Und man muss sagen: Das ist eigentlich eine ziemlich peinliche Entdeckung.

Würde man mich fragen – was man zum Glück nicht tut –, was denn alle Menschen gemeinsam haben und, um eins draufzusetzen, was sie denn über alle Zeiten hinweg gemeinsam haben, dann würde ich sagen, sie streben nach Glück – Glück im Sinne der Übereinstimmung des Inneren mit dem Äußeren –, biblisch gesagt: Sie machen sich die Welt untertan, aber die Welt lässt sich ihrerseits nicht unterkriegen. Sie schlägt zurück, trotzt ihrer Eroberung und geht ohne Rücksicht über die Innerlichkeiten hinweg. »Denn die Perioden des Glücks sind für die Geschichte leere Blätter«, hatte Hegel deklariert. Die Geschichtsphilosophie war eine triumphierend vorgebrachte Katastrophenlehre, denn so etwas Lächerliches wie das Glück Einzelner verträgt sich nicht mit den heroischen Zwecken, die die Geschichte am Ende zu erfüllen hat. Und dennoch ist Hegels Glückstheorie falsch: Die Blätter sind vollgeschrieben mit dem Glück derer, die durchgekommen sind, die es zumindest so weit geschafft haben, dass sie nicht draufgegangen sind. Das Zufallsglück hat sie gerettet. Dass die anderen, die kein Glück hatten, irgendeiner historischen Notwendigkeit wegen gefallen sind, muss man heute nicht mehr glauben. »Lasst euch nicht verführen!«, hat Brecht gesagt, und ich zitiere es an dieser Stelle von neuem: »Es gibt keine Wiederkehr. Der Tag steht in den Türen; Ihr könnt schon Nachtwind spüren: Es kommt kein Morgen mehr.« Aber das ist leicht gesagt, und das weiß natürlich auch Brecht, weshalb er predigt: »Ihr sterbt mit allen Tieren. Und es kommt nichts nachher.«

Man soll sich nicht zum Verzicht verführen lassen. Aber auch im Genuss liegt Verführung. So muss jeder Einzelne auf seine Weise schauen, wie er durchkommt, und durchkommen heißt, alles genießen und von nichts abhängig sein. Und wenn's nicht funktioniert, kann er ja immer noch, wie es so wunderbar heißt, »professionelle Hilfe in Anspruch nehmen«.

Ich bin ein dicker Mann (»The fat man«), und wenn ich auf Arztbesuch bin, nimmt der Herr Doktor mich in Umrissen wahr und sagt automatisch: »Abnehmen und Bewegung machen.« Neuerdings greife ich meinen Ärzten vor und rufe beim Betreten der Ordination fröhlich: »Abnehmen und Bewegung machen!«, damit den Heilkundigen der Wind aus den Segeln genommen ist und sie sich in Ruhe auch mit etwas anderem als dem Offensichtlichen beschäftigen können. Ja, es ist hart, wenn man mir nach dem Spitalsaufenthalt den abschließenden Befund aushändigt. Das große Epos aus dem Computer der 5. Medizinischen Abteilung (mit Kardiologie) des Wiener Franz-Josef-Spitals beginnt mit dem Urteil: »Der Patient kam in adipösem Zustand ...«

Adipositas, Fettsucht. Für alles ist zu wenig Platz. In der Intensivstation lag ich ein paar Meter entfernt vom Mistkübel, die Station war überfüllt, und die Primarärztin verabschiedete sich von mir mit den Worten: »Verschwinden Sie. Sonst holt

Sie auch noch der Krankenhauskeim!« Auf der Straße reden die Leute weniger von *adipositas*. Latein ist nicht ihre Sache. Schlechter gestellte Mitmenschen erkennen in mir den Besserverdienenden, nähern sich, höflich bittend, und wenn ich ihre Bitten abschlage, bezeichnen sie mich als »Fettsack« und »Schweinebacke«.
Nun täuscht sich, wer erwartet, ich beklagte mich darüber. Ich habe auch kein Interesse an dem Bekenntnis, ich sei dick, aber glücklich. Ich arbeite nur heraus, dass Essen und Trinken im Übermaß einerseits zu einem medizinischen Problem führen können. Man wird krank und mit einem Fachausdruck bezeichnet. Und dennoch war es andererseits lustig, niemals zu wenig gegessen zu haben!
Ich bin für das Übermaß geschaffen, weil ich, wie mein Vorbild Oliver Hardy, sowohl ein Gourmet bin als auch ein Gourmand, also sowohl ein Feinspitz als auch ein Vielfraß. Ich bekämpfe den Hunger der Welt nicht, indem ich selbst hungere. Das politisch Korrekte mag ich ebenso wenig wie den koketten Triumph, den manche dabei haben, wenn sie wieder einmal so richtig unkorrekt sind. Der Knigge für Gebildete enthält zum Essen und Trinken die Regel, dass Konsumdistanz und Genussfähigkeit zusammenhängen. Der Genuss komme davon, dass man Zurückhaltung übt und dass man in der Distanz ein Gefühl dafür kultiviert, was es bedeutet, wenn etwas »gut schmeckt«.
Ja, das ist wahr, und diese Regel ist beseelt von der alten Tugendlehre der »goldenen Mitte«. Diese wunderbare Mitte, in der angeblich das Glück wohnt, hat allerdings eine Schwäche. Es ist die Schwäche, dass die Anbetung der Mitte den Exzess ausschließt. Aber der Exzess ist bei allem Risiko eine der größten Glücksquellen, die Menschen haben. Das ver-

leugnen die Kontrollmodelle, die in der Selbstzügelung die höchste Stufe der Selbstsorge sehen. Die Angst vor dem Kontrollverlust ist, gewiss nicht nur zu Unrecht, ein vorherrschendes Motiv. Aber mit dieser Angst steht man hilflos vor der Lust, die man haben könnte, und die man sich verstohlen dann doch zu gönnen versucht.

In der Lust bringt der Mittelweg nichts. Zumindest kann man so denken, wenn man auf den Exzess nicht verzichten will. Ja, für jeden Exzess muss man vielleicht büßen, aber lieber büßen, als durch die soziale Kontrolle ersticken, mit der die Apostel des Bewegung-Machens-und-Abnehmens uns ungesund-hungrige Leute in den Würgegriff nehmen wollen.

Vergänglich

Waun da letzte Wirt,
weu er an da Steier vabliat,
zuag'sperrt hot,
daun kauf i ma mei Bier
und setz mi obe auf a Baunk
beim Donaukaneu
und denk ma: Fraunz,
de schensten Zeiten –
de host jetzt hinta dir.

Nein

I geh net zum Oazt,
zum Oazt geh i net.
I huach auf mein Körpa,
mei Körpa is mei Oazt.
Aba firn Oazt
is mei Körpa a Glumpert.
A Glumpert
is mei Körpa firn Oazt.
I geh net zum Oazt,
zum Oazt geh i net.

Der grüne Koffer

Ich habe einen alten, grünen, ganz und gar verstaubten Koffer. Man sieht ihm von außen an, dass er vollgestopft ist. Der staubige Koffer steht in meinem Vorzimmer, aber was heißt in meiner Wohnlandschaft schon Vorzimmer. Ich erwähne es nur, weil jeder Mensch, der bei mir eintritt, leicht und gleich bei der Eingangstüre über meinen Koffer stolpern, ja fallen könnte. Der Koffer steht den Eintretenden im Weg. Anders als sein Inhalt gehört der Koffer mit den Seitentaschen, die nicht sehr funktionstüchtig rechts und links an ihm herunterhängen, gar nicht mir. Ich habe ihn ausgeborgt, er ist eine Leihgabe, und jetzt, jetzt muss ich befürchten, dass der eigentliche Besitzer, der wirkliche Eigentümer diesen Koffer gar nicht mehr haben will. Der nimmt ihn mir nie zurück, ich bleibe auf dem Koffer sitzen …
Immerhin erregt er die Aufmerksamkeit meiner Besucher, und so kann ich erzählen, dass jüngst ein Filmteam bei mir war – und den Menschen vom Film stand der Koffer beim Aufbau ihres Equipments ordentlich im Weg. »Was zum Teufel ist denn da im Koffer drin?«, fragte mich die Frau vom Film, meine Gesprächspartnerin, während die Kamera schon lief und neugierig den hinigen Koffer aufnahm.
»In diesem Koffer«, sagte ich, und ich sagte es nicht ohne Feierlichkeit, »in diesem Koffer befinden sich alle Bücher, die ich im Laufe der Zeit zum Thema ZEIT gesammelt habe, einschließlich der Bücher über die Zeit, die ich jüngst zukaufte, damit alles, was man zur Zeit kriegen kann, im Koffer seine Ruhe findet.«

»Ach«, sagte die Dame vom Film und dann auf Lateinisch: »Tempora mutantur.« Wohl, um endlich auch was zur Zeit gesagt zu haben. Tempora mutantur, die Zeiten ändern sich, und ich erwiderte, als sei ich in der Kirche, »et nos mutamur in illis«. Heißt alles zusammen: Die Zeiten ändern sich, und wir ändern uns mit ihnen. Einmal noch überbot mich die Filmfrau und wiederum auf Latein. »Tempus fugit«, sagte sie, und das heißt: Die Zeit flieht. »Ja«, sagte sie, »die Zeit flieht, aber Sie«, fügte sie über mich hinzu, während wir beide gefilmt wurden, »Sie halten die Zeit in Ihrem Koffer auf!« – »Doch nur in Buchform«, sagte ich, »in dieser Form lässt sich einiges in Gang bringen. Kaum etwas aufhalten, aber sicher nicht die Zeit.«

Die Ausnahme, weil im Koffer nicht drin, stellt Rüdiger Safranskis Buch dar: »Zeit. Was sie mit uns macht und was wir aus ihr machen.« Safranski war einst der Eröffnungsredner der Salzburger Festspiele. Er trug Eulen nach Athen, denn er eröffnete die Eröffnungsrede, die natürlich der Zeit galt, mit den berühmten Sätzen aus dem »Rosenkavalier«, der Oper von Richard Strauss und dem Text von Hofmannsthal – also mit Sätzen, die geradezu einen Salzburger Pass haben. »Aber wie kann das wirklich sein«, fragt sich in der Oper die Marschallin, »aber wie kann das wirklich sein, daß ich die kleine Resi war / und daß ich auch einmal die alte Frau sein werd!« Und die Bühnenfigur, die in aller Welt seit Jahrzehnten so ungeheuer viel Empathie auslöst, hört im voraus eine Stimme, die eines Tages ihr, der alten Frau, sagen wird: »Siegst es, da geht's, die alte Fürstin Resi!«

Die Marschallin bezieht sich nicht zuletzt auf Erotisches, auf das Verschwinden der unter Menschen stärksten Anziehungskraft, die mit der Zeit geht. Ich halte es dagegen mit der ebenso klassischen Vorstellung, dass Vergänglichkeit ein Glück sein kann: der Augenblick *vor* der Operation und, wenn sie glückt, die Jahre danach, die einem bleiben, weil man die einschneidenden Augenblicke hinter sich hat.

MMS – Multimedia Messaging Service

Ein Blumenmeer auf dem MMS
und von dir der Text:
»Die Vergissmeinnicht-Blumen
werden immer mehr.«

Darauf antwortete ich nicht.
»Die Vergissmeinnicht-Blumen
werden immer mehr«,
wollte ich als letztes Wort
zwischen uns behalten.

Das musste dir vorkommen,
als sei mein Schweigen
abrupt ausgebrochen.

Aber ich hoffte,
wenn meine Antwort ausblieb,
hörst du es auch:
»Die Vergissmeinnicht-Blumen
werden immer mehr.«

Auf jedem meiner neuen Handys
steht dein altes MMS.
Es ist schon Jahre her:
»Die Vergissmeinnicht-Blumen
werden immer mehr.«

Ambivalenz

Ja, das war eine große Liebe,
will sagen: Das hatte Format,
ja, sogar einen Sinn –
also eine Trendumkehr
in meiner höchstpersönlichen Glückssuche
wäre möglich gewesen.
Scheiß aufs Glück – gib dem Leben einen Sinn!
Es wäre kein Sinn, nämlich
kein Stein auf dem anderen geblieben
in der Versteinerung.
Da wäre ich als ganz anderer ausgestiegen,
als am Ende doch nur hereingefallen.
Ja, es war andererseits erbärmlich,
zerfahren und komisch,
gestaltlos zerrann es.
Und was blieb, ist nur das Gewicht,
das es hätte haben können,
wäre es bloß schwerwiegend genug gewesen.

Eheberatung

Geht die Ehe in die Brüche,
platzt der Traum vom schönen Haus.
Geht sie in die Flüche,
dann ist die Ehe endlich aus.
Das schöne Haus mit Garten
braucht nicht lang zu warten,
es gibt noch andere Paare,
die ziehen ein (für die nächsten Jahre).

Im Alter

Oide, du host
dei Lebm lang
an Stich im Hirn ghobt.
Und augfäult in da Bian
bin i a scho imma gwesen.
Aber jetzt, Oide,
loss di net geh,
demenz di do net weg.
I loss di eh net geh.
Bleib.

Alles eitel!

Alle vermehren sich, werden mehr, ich reduziere mich, jeden Tag werde ich weniger, um ein Stück weniger, und mit jedem Stück an Verminderung muss ich meine Selbstbehauptung forcieren: verstärken. Das ist ein Kampf, es ist der Lebenskampf, in dem ich keinen Durchbruch erleben werde. Bin bald siebzig, und es genügt mir, heute oder morgen nicht auf der Strecke zu bleiben. Ich bin ein Bündel von Gefühlen, von zugänglichen Gefühlen, aber auch von mir unzugänglichen Gefühlen, die in mir arbeiten, das Wort »innerseelisch« fällt mir ein. Aber weiß Gott, ob sie in meiner Seele für mich arbeiten oder für wen oder was?

Das ewig Selbstbewusste ist es doch, das einen krank macht. Alles spielt sich mir zu und geht durch mich hindurch. Was wären die Kriege, die Opfer, die Not, wenn nicht ich oder, egal, einer wie ich, davon Notiz nimmt. Selbst das Glück kommt ohne mich nicht aus. Glück benötigt mich, damit ich es habe. Unbemerkt würde das ganze Weltall vergehen. In seiner trostlosen Selbstzufriedenheit. Ich stehe stellvertretend dafür da, dass das Weltall existiert. Ja, doch, das Weltall existiert durch jeden von uns, der der Möglichkeit nach die Chance ergreift, dem Weltall zum Sein zu verhelfen und »Kosmos« sagt. Das steckt in uns, dem Weltall zum Sein zu verhelfen. Das Weltall ohne uns, also auch ohne mich, ist für einen von uns ja gar nicht zu denken. Das ist Erkenntnistheorie. Ohne mich: nichts! Und da soll man nicht selbstbezogen reagieren. Die sogenannte Wirklichkeit ist doch der reinste Beziehungswahn. Man muss sich einreden, dass man

nicht gemeint ist, dass einen nichts was angeht, sonst würde man in seiner Eitelkeit erstarren. Das Selbst zur Schau getragen – eitel! Im Showbusiness seine Haut zu Markte tragen – eitel! Keine Allegorie der Eitelkeit könnte auf Instrumente der Kunstausübung verzichten. Nach dem Tod des Virtuosen aber stehen seine Streichinstrumente genauso sinnlos im Raum, wie sie es immer schon waren. Was? Ein anderer soll auf ihnen spielen? Keiner kann es, wie der Virtuose allein es konnte. »Es allein können« – das ist die lebensspendende Utopie, und die Kritiker schauen zu, ob einer es allein kann.
Der verstorbene Künstler zieht seine Instrumente mit in den Abgrund. Ohne die Bedeutung, die sie für ihn hatten, sind sie bedeutungslos, tot wie er. Man hat es ihnen nur noch nicht angehört, weil der Virtuose sie glänzend bearbeitete. Jeder hat die Leblosigkeit, in die die Töne seiner Streichinstrumente mündeten, zu Lebzeiten des Virtuosen noch überhören können. Im Nachruf darf die Eitelkeit der Hörer zum Ausdruck kommen. Wir haben ihn so gut gehört ... Ein Aphorismus zergeht dem Lobredner auf der Zunge, sein manierierter Blick fällt auf die Glaubensgemeinschaft, die auf ihn hört. Ja, wie gut sie ihn, den Virtuosen, gehört haben, sie waren gehorsam, und er war natürlich eitel.
Urtümlich, einst in Urzeiten, ging es darum, jemanden zu haben, den man tötet. Lauter Opfer umstehen die Mächtigen. Zum Opfer fallen. Die Wettbewerbsvokabel, »jemanden ausstechen«, und so mancher Mord erinnern heute noch daran. Man selbst ist ja zum Überleben geboren, während man mit den Sterblichen konkurriert. Nach Jahrhunderten solcher Wiedergeburten endlich der letzte Widerschein davon: Menschen zu haben, die erstklassig darstellen, dass man in allem besser ist als sie.

Eitel! Es wurden und es werden Sentenzen verkündet, im Abgrund gründende Sätze, die alle Menschen, die existieren, unter Einschluss aller Menschen, die je existierten, auf einmal treffen sollen, als gäbe es ein Subjekt, ein von Eitelkeit aufgeschwollenes Subjekt, dem man es hineinsagen kann. Dem man die Eitelkeit vorwerfen kann. Eitel zitiert jemand den Wahrspruch: »Ungeheuer ist viel. Doch nichts ungeheurer als der Mensch.« Am Ungeheuer ist aber die Eitelkeit das Wenigste, das Geringste. Die eitlen Verächter der Eitelkeit, sie täuschen sich moralisierend über den Zwang hinweg, eitel sein zu müssen.

Ein Mann geht über den Ring – vom Stadtpark hinüber zum Karl-Lueger-Platz. Man muss es so sagen (und es ist keine Floskel), dieser Mann »stürzt sich in den Verkehr«. Er geht nämlich bei Rot über den Ring. Er stürzt sich in den Verkehr, so wie in exotischer Ferne tapfere Einheimische sich ins Meer stürzen, um starr staunenden Touristen einen Anblick zu bieten. Der Mann auf der Ringstraße will aber niemandem etwas bieten, er hat kein schnödes Anliegen.

Die Autos fahren vor ihm, hinter ihm, neben ihm. Dem Zuschauer gefriert das Blut, hier kämpft ein Mensch leichtfüßig (und leichtsinnig) um sein Überleben. Er kämpft aber nicht, und es geht ihm auch nicht ums Überleben. Der Mann winkt die lebensgefährlichen Autos lächelnd ab, er macht mit beiden Händen eine lächerliche Wellenbewegung, kein Zeichen für andere, schon gar nicht für die Lenker, sondern eine Bewegung, mit der der Mann simuliert, sich die panzerartigen Fahrzeuge wie nichts vom Leibe halten zu können.

Der Mann will sagen: Stehenbleiben! Die Wagen rasen an ihm vorbei, die Lenker können nicht halten, selbst wenn sie es wollten. Im Verkehrsfluss hat einer den anderen im

Schlepptau. Der Mann will sagen: Stehenbleiben! Und plötzlich sagte er es mit einer Geste, die alles erklärt, die zur Pointe der ganzen Pantomime wird: Er zeigt mit einer weit ausholenden Bewegung auf sich, auf sich selbst.
Er bohrt den Daumen seiner rechten Hand in die geschwellte Brust, und schon ist es allgemein verständlich, was er sagen will: Stehenbleiben!, will er sagen. Stehenbleiben!, aber nicht aus irgendeinem Grund, sondern meinetwegen stehenbleiben. Das muss doch dem letzten von euch motorisierten Dummköpfen einleuchten, jetzt, in diesem Augenblick geht nicht irgendwer bei Rot über die Straße, sondern ich. Ich bin es, und für mich ist Platz, und wenn ihr keinen Platz habt, habt ihr Platz zu machen, koste es euch auch einen Unfall. Ich bin ohnedies unverletzlich, das wisst ihr doch, was interessiert mich euer Unfall?
Dieser Mann, der sich in den Verkehr stürzte, der – ob wissentlich oder unwissentlich bereit war, für seine Eitelkeit in den Tod zu gehen, dieser Mann erreichte die andere Straßenseite wie nichts. Einmal im Leben die Ausnahme von der Regel gewesen sein, einmal im Leben (sich) etwas geleistet haben, aus dem hervorging, wer man wirklich war, nämlich einer, der jeder Brandung gewachsen ist. Nicht im Traum bin ich ein Verkehrstoter, ich bin unbesiegbar. Woran ihr zugrunde geht, macht mir nichts aus, denn mir kann es ja nichts tun.
Aus der glückseligen Miene des Mannes war nicht abzulesen, ob er wusste, dass er ein Vabanquespiel überstanden hatte. Das Manöver war ihm eine Selbstverständlichkeit gewesen. Er war so eitel, dass er glaubte, ohne weiteres durchkommen zu können.

Weißer Bademantel

Als ich mit Gleichgesinnten über den Wiener Ring gehen wollte, im weißen Bademantel, um den achtzigsten Geburtstag von Udo Jürgens zu begehen, da hätte ich nie gedacht, dass der Bürgermeister von Wien dagegen einwenden würde, solche Sinnlos- und Juxdemonstrationen seien ein Missbrauch des Demonstrationsrechts.

Auch ein Freund (ein noch edlerer Demokrat als unserer Bürgermeister, der ja Demokrat von Beruf ist, also dafür bezahlt wird, mein Freund ist gratis Demokrat) sagte es mir hinein, dass eine »Ringstraßendemo« im Bademantel für einen Schlagersänger nichts als eine Verhöhnung jener Rechte sei, die einst hart erkämpft werden mussten, und er fügte hinzu, Müßiggänger wie ich wollten aus lächerlichem Anlass ungestört über den Ring paradieren, während der gewaltlose Protest gegen einen Ball des europäischen Rechtsextremismus in der Hofburg untersagt worden sei.

Nein, untersagt, das kann ich nicht glauben, das muss ich erst in Erfahrung bringen, aber bis dahin will ich wenigstens gesagt haben, dass ich keinem Autofahrer etwas in den Weg legen wollte, ich bestehe nur darauf, dass die Demonstration auch für das Sinnlose höher steht als die freie Fahrt. Die unsinnige Demonstration soll doch die sinnvolle nicht ersetzen, sondern ergänzen, ja, ums Surreale bereichern. »Einen Jux will er sich machen« von Johann Nepomuk Nestroy, diese Posse mit Gesang, ist ein hochkulturell anerkanntes Werk, und wenn man Glück hat, findet der Jux auch am Ring statt, nämlich im Burgtheater.

Wir gingen dann ohnehin nicht über den Ring, sondern quer durch die Innenstadt, sammelten uns aber am Ring, nämlich vor der Staatsoper. Ich trug den weißen Bademantel in Ehren, auch bei dieser auf dem Ring einsetzenden Demonstration, zumal ich ja noch erlebt habe, dass es einst Leute gab, die an Udo Jürgens herummäkelten: Kitschige Pseudokritik unterstellten sie meinem Idol, Jürgens habe den gesellschaftlichen Erfolg der Sozialkritik banalisiert und kommerzialisiert und daraus Unterhaltung destilliert, sodass Sozialkritik in dieser Gesellschaft überhaupt nur noch als Unterhaltung konsumierbar erscheine und schon gar nicht als Anstrengung des Begriffs, als Analyse und Tat.
Aber das ist lange her, und damals hatte Udo Jürgens sich bei der schweißtreibenden Veranstaltung eines Konzerts noch nicht in das unschuldige Weiß eines Bademantels gehüllt. Mit dem Bademantel hat sich Udo Jürgens im Laufe der Jahre unwidersprochen zu einer philosophischen Autorität entwickelt, ich fürchte zur einzigen, die wir in Österreich in den vergangenen Jahren hatten. Wenn er nicht sang, sprach er grundvernünftig. Merci Chérie und ein paar Stunden Dankbarkeit, für die der Ring gesperrt hätte sein müssen. Das wäre nicht möglich? Udo Jürgens wirkte nicht nur klärend in den verschiedensten Lebensfragen, zum Beispiel Liebe, Glück, Unglück oder Nahrungsmittelmissbrauch (aber bitte mit Sahne und griechischer Wein), nein, er wirkte auch völkerverbindend, weil über ihn sogar Jörg Haiders rechte Hand, sein Wahlkampfmanager Stefan Petzner, und ich übereinstimmen, die wir sonst die geborenen Feinde sind: Großartig, sagen wir im Chor, wie hier ein Künstler die Lücke zwischen Schlager und Chanson durch ein Zwischending füllte, das hochpoetisch war und immer grundvernünftig blieb.

Hermeneuten haben herausgefunden, dass »Merci Chérie« kein Song nachbebender Sinneslust ist, sondern im Gegenteil, so eine Art schäbiger Abschied vom Lustobjekt. Merci und c'est la vie.

Ich könnte es tagein, tagaus singen, dieses eine Chanson von Udo Jürgens, in dem die Maxime vorkommt: »Wer nie verliert, hat den Sieg nicht verdient.« Ich hab bereits jetzt so oft verloren, dass ich sicher bin, der Sieg kommt bald. Er winkt mir schon. Unsicher bin ich nur, ob Menschen überhaupt Wesen sind, die einen Sieg verdienen, diesen protzigen Triumph über andere oder über sich selbst. Udo Jürgens war ein Sieger, aber kein Triumphator. Seine Art, im Leben nicht unterzugehen, sondern Oberwasser zu behalten, dennoch hin und wieder im Schleudersitz Platz zu nehmen und standfest von neuem weiterzugehen, das hat mich bei allen Ungereimtheiten zu seinem Anhänger gemacht. Ich habe ihn einmal persönlich in Klagenfurt gesehen, in einem Restaurant. Er kam aus der Toilette, in die ich hinein wollte. Er war leicht überschlank, also fast dürr, sehr elegant, ein Gentleman. Ihn zu sehen, hat mich aufgeregt, ich ging an ihm vorbei, als würde es mir nichts bedeuten, auch weil er seine Ruhe haben sollte, wenigstens vor mir.

Die Rhapsoden lösen Sokrates ab, den ewigen Nachbohrer, der keine Antwort stehen ließ. Die Antwort, mit der die Sänger stehen und fallen, ist der Gesang. Udo Jürgens hatte für jeden Anlass ein Lied, auch für die Touristikbranche: »Ich war noch niemals in New York.« Schön ist es mitanzusehen, dass in der Bundesrepublik Deutschland ebenfalls ein Sänger die philosophische Autorität innehat: »Die Kunst der Zufriedenheit« – Herbert Grönemeyer, der Pionier des sogenannten Deutschrock – gibt darüber Auskunft. Nicht alle

seine Songs, erklärte der Sänger, auf den genau zu hören ich mich bemühe, seien vom privaten Glück geprägt, und »Dauernd jetzt«, der Titel einer seiner CDs, will sagen, dass man im Hier und Jetzt (also im Augenblick) besser lebt, aber auch, dass man lernen soll, das Glück als das zu begreifen, was es ist, und vor allem, dass man das Glück auch erkennt, wenn es kommt, und dass man, wenn man Zufriedenheit in sich entdeckt, versucht, den zufriedenen Moment zu strecken, ihn auszudehnen. Und nicht zu sagen, okay, das hab ich jetzt erlebt, aber wie geht's weiter?
Wie sagt man? Sein Auftritt überzeugte mich! Ich war zufrieden. Der Dauerverleih ist die Aufgabe. Der Wunsch, dem Gesang zu glauben, jedenfalls mehr als der schnöden Rede, vereint uns, die wir guten Willens sind, nicht nur im Konzerthaus oder vor der Freilichtbühne. Prima la musica sagt, wer glaubt, dass er prima Musik macht. Es könnte nur sein, dass alles eitel ist, auch die Kunst. Na gut, hinter der Wiener Bademantel-Demonstration standen die Machenschaften des Leiters eines Wachsfigurenkabinetts, das neuerdings einen Udo Jürgens auf Lager hatte. Aber so etwas berührt meinen aufrichtigen Sinn nicht. Am 30. September 2014 kamen wir im Bademantel zusammen, vor der Wiener Staatsoper. Am 21. Dezember 2014 starb Udo Jürgens beim Spazierengehen. Sein aktuelles Programm hieß: »Mitten im Leben.« Gott sei ihm und dann viel später auch uns gnädig.

Frisches Grün

Zu den Kindheitserlebnissen und den darauf folgenden Kindheitserinnerungen, durch die man wird, was man ist (in meinem Fall ein Wiener), gehört, dass mein Vater in seiner Eigenschaft als Staatspolizist in einem Ringstraßengebäude arbeitete. Ich glaube, mein Vater war einer der Gründer der Staatspolizei oder nur bei der Gründung dabei, was weiß man schon als Sohn über seine Eltern.

Der Zugang zur Staatspolizei, dieser Teil meiner Kindheit, befand sich in der Zedlitzgasse – die Gasse benannt (um 1865 bei ihrer Eröffnung) nach Joseph Christian Freiherr von Zedlitz. Recherchen meinerseits ergaben, dass der Freiherr ein österreichischer Offizier und Schriftsteller war, dass er von 1790 bis 1862 lebte und dass er laut Wikipedia mit vollem Namen hieß: Philipp Gotthard Joseph Christian Karl Anton Freiherr von Zedlitz und Nimmersatt. Ihm wird ein Diktum nachgesagt, mit dem er – sieht man von Woody Allen ab – auf unvergleichliche Weise die Unsterblichkeit ins Auge fasste. Als Zedlitz mit großen Schmerzen im Sterben lag, soll er gesagt haben: »Es sind schon so viele gestorben, ich werde das auch noch überleben.«

Als indiskret empfinde ich die Veröffentlichung eines Gedichts von Franz Grillparzers, das ebenso treffend ist, wie es auch eine bis heute bestehende, gleichsam »natürliche« Boshaftigkeit der Wiener Intellektuellen belegt. »Gott erhalte«, schrieb Grillparzer, »unseren Zedlitz, / Gott erhalt ihn fett und feist / allen Menschen Gutes gönnend, / Doch, wie billig, s i c h zumeist …«

Von solchen historischen Humoresken merkte man zu meiner Zeit in der Zentrale der Staatspolizei nichts. Es herrschten noch die fünfziger Jahre, die Amtsräume waren dunkel, und sie hatten diese schwarz geölten Böden, die ich von der Schule her kannte. Die Zentrale der Staatspolizei war nicht geräumig, sondern, nach meinem Gefühl von heute, planlos verwinkelt. Chef war damals, glaube ich, bereits der Mann mit dem schönen Namen Dr. Oswald Peterlunger, den mein Vater, der Kommunist war, gleichwohl hochachtete. Die »kommunistisch unterwanderte Wiener Staatspolizei«, heißt es in einer der historischen Legenden, wurde durch ihren neuen Chef Dr. Oswald Peterlunger von dieser Unterwanderung befreit. Mein Vater hatte diese Befreiung im Dienst überlebt.

Helmer war Innenminister und Holaubek, er war damals auch neu. Holaubek, man kann es – in meiner Generation – nicht glauben, dass auch er, der jahrzehntelang »Der Präsident« war, einmal einen Anfang genommen hatte. Alles hat ein Ende – aber ein Anfang für Holaubek? Helmer und Holaubek, so die schon zitierte Legende mit demselben Hit, »entfernten nach und nach viele Kommunisten aus der Polizei«. Unter Legende verstehe ich die für ein Ereignis gefundenen Untertitel, also das, was zum Beispiel in Museen unter den historischen Schinken angebracht ist, damit man weiß, wovon die Bildsprache »eigentlich« redet.

Alte Kämpfe, die alten Kämpfer sind tot. Aber eines noch über die alten Amtsräume: In ihnen standen diese schwarzen Öfen, kleine gedrungene gusseiserne Öfen, mit Ofenrohren, die den Rauch Gott weiß wohin entließen. Diese Öfen waren die Garanten der Kälte in meiner Kindheit. Frühere Generationen mögen mit so etwas warm geworden sein. Mir gaben sie keine Wärme, und ich habe es ihnen nicht vergessen. Das Innere von manchen Ringstraßengebäuden war damals noch nahe an der Nachkriegs-Austerity, der Versorgung nur mit dem Nötigsten. Der von mir unvergessene Besuch in der Zedlitzgasse fand allerdings im Frühling statt, und er hatte einen Grund im Licht: Mein Vater wollte vom zehnjährigen Sohn Lichtbilder haben, und so spazierten wir nach seinem Dienstschluss über den Ring zum Wienfluss hinunter, in der Annahme, dort einen guten Hintergrund für ein Porträt zu finden. Ein Fotograf war bestellt, und hätte ich mich nicht gestern der Bilder entledigt, könnte ich mich heute noch in ihnen spiegeln.

Jahrzehnte später hatte ich nahe an den erwähnten Gegenden wiederum ein Schlüsselerlebnis. Ich hatte versucht, einen Beruf auszuüben, und »mein« Büro lag in Floridsdorf. Eines Tages versuchte ich, keinen Beruf mehr in Floridsdorf auszuüben. Ich kündigte und an einem 15. März war es klar, nie würde ich in Floridsdorf wieder einen Beruf ausüben dürfen oder müssen. Ich saß, beglückt von meiner Entschlusskraft, im Stadtpark, hatte den Ringstraßenverkehr in den Ohren, und vom Winter her hatte ich eine nicht wegzubringende Nebenhöhlenentzündung, eine berühmte psychosomatische Krankheit. Jetzt aber war ich glücklich in der Bredouille, die Frage der Fragen, wovon leben, stellte sich und stellte mich.

Aber was bedeutete die Zukunft schon angesichts einer Gegenwart, deren Morgen für mich nicht in einem Floridsdorfer Büro beginnen würde. Ich war obszön glücklich, ich war den wesentlichen Schritt meiner Gilde gegangen, hatte auf Sicherheit verzichtet zugunsten einer Freiheit, von der man nichts sicher weiß, abgesehen davon, dass ihretwegen vielleicht alles schiefgehen würde. Die Folgen meiner lebensrettenden und lebensgefährlichen Entscheidung, den erbaulichen Blick in den Abgrund, genoss ich am Ring.

Ich weiß nicht, ob es gestattet ist, aber ich kann einen gleichsam artistischen Grund dafür angeben, warum ich es mir herausnehme, persönlich zu werden. Diese Straßen (und Plätze), die einen kollektiven Wert haben, haben ihn auch dadurch, dass sich auf ihnen Einzelschicksale abspielen. Ich sollte sagen, »generationsspezifische Einzelschicksale«. Das ist eine Banalität, mehr als belegt, sie ist nämlich unbestreitbar, zum Beispiel durch Doderers »Strudlhofstiege«. Ich will ja keinesfalls die Geschichtsschreibung durch irgendetwas anderes ersetzt wissen. Ich denke bei der Ringstraße allerdings an etwas, das es ohnedies schon gibt und das der erweiterte Versuch wäre, die Straße in einem impressionistischen Gemälde, montiert aus vielen Einzelteilen, zusammenzusetzen. Bilder, Wörter, Töne – also auch aus der Fernsehserie »Ringstraßenpalais« von Hellmut Andics, die aus meiner Sicht in einem charakteristischen Austriazismus endet.

Gefilmt wurde zum Teil im Palais Schey von Koromla an der Ringstraße, Ecke Goethegasse, und in der Serie, die sinnbildlich für die österreichische Geschichte angelegt ist, geht es um einen jüdischen Bankier und um einen finanzbedürftigen Aristokraten, schließlich um die Familien Artenberg und Baumann und um deren Existenzkämpfe. In den achtziger Jahren des zwanzigsten Jahrhunderts versuchen einige der Erben, mit kriminellen Machenschaften sich selbst zu behaupten. Es ist offenkundig, dass sich diese Dramaturgie an Thomas Manns nietzeanisch-sozialdarwinistisches Programm der »Buddenbrooks« anschließt, das Gustav Seibt so schön beschrieben hat: »Auf Geschäftstüchtigkeit und

Hartleibigkeit folgen Zweifel und Pessimismus, Nervosität, Kunstsinn, Dekadenz, am Ende kommen Bankrott und Kinderlosigkeit.« Aber nicht so am Ring: Da erscheint am Ende der wunderbare, in seiner Rolle als Bankier schon abgedankte Klaus Wildbolz und reißt das Steuer für eine bessere Zukunft herum.

Einerseits ist das Anekdotische ein sicheres Zeichen des Zerfalls – eine Zerfallserscheinung vor allem des österreichischen Geistes. Die Anekdote, hat andererseits Walter Benjamin gesagt, sei der »Straßenaufstand gegen die Geschichte«, also eine ordinäre Revolution gegen die vornehme Vereinheitlichung von Einzelereignissen zu der einen Geschichte. Dazu kommt noch, dass sogenannte »subjektive Erfahrungen« in ihren Darstellungen höchste Objektivität erreichen können, weil es ja auf dem Feld der Geschichte und der Geschichten keine andere Wirklichkeit gibt als die, die Personen betrifft und die solche Personen sprachlich und begrifflich durchdringen müssen, damit daraus eine Geschichte oder zum Beispiel ein Gedicht wird.

Es gibt ein Gedicht, das die von mir apostrophierte Gegend, den Parkring, in einer ganz spezifischen historischen Situation »subjektiv« und »objektiv« beschreibt. Es ist das Gedicht »Parkring« von Ilse Aichinger, ein Gedicht, das die Schwäche fast aller Lyrik nicht hat, nämlich eine von der Lyrikbranche erzwungene Zauber- und Rätselsprache, und schon gar nicht hat das Gedicht eine auf sich selbst bezogene, technisch durchgeführte Artistik; es hat einen objektiven Gehalt und es existiert – wie später Jandls Heldenplatz-Gedicht – auf einer dem historischen Ereignis angemessenen Höhe.

Parkring

Als die Einnahme von Paris im Radio gemeldet wurde, lachten wir, weil der Kater mit einem Ruck vom Schrank sprang. Damals war der Stadtpark grün, und wir saßen einander gegenüber. Jedes Staubkorn schien wie ein Teil der Luft. Drei Stöcke tiefer war die Sprachschule, da strömte es aus und ein. Noch tiefer waren die Keller, wo die Kohle den Winter erwartete.

Die Nachricht war schlecht, aber jede Weltgegend hatte noch ihre Verheißung, der Kompass war gedeckt. Schräg gegenüber hießen alle Straßen wie Philosophen, geradeaus hießen sie wie Klöster, und nach links hinunter breiteten sich die Gärten. Die Trauer über den Brücken trug noch zur Freude bei, es war Hoffnung in der Erwartung der Furcht, die Baumwipfel waren zu berühren. Von oben gesehen fuhren die Wagen allmählich den Kreuzungen zu.

Aber wer die Hoffenster öffnete, konnte die Luft gegen die graugelben Mauern hin zittern sehen. Jetzt standen die Bilder auf und begannen zu spiegeln. Jetzt, während die Rufe der Tennisspieler sich noch gleichmäßig am Himmel verteilten, erhob sich die Wüste und holte ihre Stadt.

Aichingers Gedicht fand ich im Internet, ich weiß nicht, ob meine Zitierweise korrekt ist. Es wird sich herausstellen, aber ich vertraue darauf. Übrigens habe ich einen Film gesucht, um ihn für meine Ringstraßenvergegenwärtigung wieder zu sehen. Ein englischer (oder ein amerikanischer?) Komiker aus unseren Tagen hat behauptet, er habe in Hitlers Bett geschlafen. Der Komiker hat im Hotel »Imperial« übernachtet – und dieses Bild ging auch um die Welt, als Hitler damals, seinerzeit, im »Imperial« übernachtete und ein umnachtetes Volk auf dem Ring nach ihm rief, er möge sich doch zeigen.

Ich zitiere den Film aus sekundärer Erinnerung, ich war ja weder bei dem Ereignis dabei noch gelang es mir, den Film wieder zu sehen. Die Mediathek verlangt Prozeduren, die mich überfordern. Aber auf der Suche nach dem Film erhaschte ich in einem filmischen Fragment aus der nationalsozialistischen Zeit einen Blick auf das Vis-à-vis vom »Imperial«, und siehe da, ich erblickte ein historisches Dokument, nämlich eines der Ringstraßen-Cafés, für die der Ring, wie behauptet wird, berühmt sei. Es war das Café Schwarzenberg. In vollkommener Normalität wurde im Gastgarten serviert und konsumiert, und dennoch vermittelte das Bild aus der Hitlerzeit mir, einem Wiener von heute, den Eindruck einer totalen Enteignung. In Blockbuchstaben stand nämlich über dem Eingang ins Café Schwarzenberg zu lesen: DEUTSCHES CAFÉ. Und vor nicht langer Zeit erzählte mir ein Kellner des Cafés, dass das seltsame Loch im Spiegel aus der Russenzeit stamme: Ein russischer Offizier hatte aus Übermut den Spiegel beschossen. Man habe alles so gelassen, wie es war, der Spiegel war getroffen, aber er hatte es überlebt und so kann man, in den Spiegel schauend, daran denken, dass bei dieser Aktion der Besatzungsmacht keine Menschen verletzt wurden.

Walter Benjamins Plädoyer für die Anekdote kommt nicht ohne Polemik gegen die Geschichte aus. »Die Konstruktionen der Geschichte«, sagt der Philosoph, »sind militärischen

Ordres vergleichbar, die das wahre Leben kuranzen und kasernieren. Dagegen der Straßenaufstand der Anekdote. Die Anekdote rückt uns die Dinge räumlich heran. Sie stellt den strengen Gegensatz zur Geschichte dar ...« Diese Sentenz ist Teil meiner Geschichte, weil in den sechziger Jahren noch die Anekdotenerzähler, die ewigen Roda Rodas, darüber verfügten, wo es einst lang ging. Heute sind es die Historiker, die ihre Ordres ausgeben, um das Bild der Vergangenheit zu beherrschen. Eines können die Anekdoten. Sie können, was für die Geschichte ja eine Banalität ist, über alles Banale hinaus an Details anschaulich machen, dass zum Beispiel die Ringstraße im Laufe der Geschichte immer eine andere Straße gewesen ist.

Die Straße, schreibt Peter Payer, ist die Wohnung des Kollektivs. Das Kollektiv ist keine Einheit und wer sich wo wohnlich einrichten kann, das ist oft die Sache der sozialen Distinktion. Diese Distinktion ist der Weltstadt eingeschrieben, denn Wien hat den Ring, aber auch den Gürtel. Mein Vater pflegte noch im hohen Alter seinen Volkswagen zu lenken. Er rechtfertigte es damit, dass er von sich behauptete: »Ich bin ein Gürtelfahrer!«, denn solange man unterwegs den Gürtel überlebt, dachte er, muss man seinen Führerschein noch nicht zurückgeben.

Für die sechziger Jahre gibt es ein Dokument der Distinktion von Gürtel und Ring, eine Distinktion, die heute nicht mehr in gleicher Radikalität besteht. Ich spreche von Georg Danzers Autobiographie. In der Kindheit und Jugend wohnte Georg Danzer am Gaudenzdorfer Gürtel, nahe bei der Schönbrunner Straße. Das Wohnzimmer der Familie Danzer lag tatsächlich auf der Straße. Es war vom Straßenlärm durchflutet, und wenn man im Zimmer saß, wusste man nicht, ob man nicht doch draußen war. »Auf und davon« heißt die Autobiographie.

»Als ich so um die sechzehn war«, schrieb Danzer in »Auf und davon«, »begann ich mich sehr stark dafür zu interessieren, was es außerhalb des Meidlinger Dunstkreises sonst noch so alles gab in meiner Heimatstadt ... Diese Ausflüge ins Zentrum Wiens vermittelten mir das Gefühl, weit über den Kraterrand meiner Kindheits- und Jugendwelt hinauszuschauen.«

Es gibt für mich kein Buch, das besser als »Auf und davon« zeigt, wie in den sechziger Jahren für uns Gürtelmenschen eine Art Firewall zwischen Vorstadt und Innenstadt existierte. Aber durch Danzers Buch wird noch etwas anderes klar, wie nämlich durch das Überschreiten von der Vorstadt in die Innenstadt ein Anfang gemacht wurde, der schließlich vom Inland ins Ausland führen konnte. Ist einmal der Gürtel in Richtung Ring überschritten, steht nichts mehr im Wege, von Griechenland in die Türkei oder von Spanien nach Portugal oder überhaupt über den Ozean hinaus zu gelangen. Auf und davon. Es gibt ein altes Foto, das im verschneiten Gaudenzdorfer Beserlpark Danzer als kleinen Buben zeigt. Mein Schulkollege Georg Danzer war, weiß Gott, seelisch kein Kraftprotz, aber er hat fürs Leben Mut gefasst. Vergessen konnte er nicht, was er war und was er vielleicht in seinen Augen geblieben ist:

»nur a klana bua im winter
in an viel zu dünnen mantel
wann der himmel kalt und grau is
nur a klana bua im winter
und die andern kinder singen

und die andern kinder lachen
sie ham lauter schöne sachen
sie wer'ns alle zu was bringen
nur a klana bua im winter
steht auf ana großn wies'n
schwarzer fleck auf weißem grund
wisch ihn weg und halt den mund ...«

Das ist der Anfang eines der schönsten Gedichte, die je in Wien und über Wien geschrieben worden sind. Es enthält auch, ins Poetische gewendet, das süße Gift des vorstädtischen Selbstmitleids. Hat die Innenstadt auch solche Plätze zum Weinen? Ich gebe zu, dass ich erst vor kurzem erfahren habe, was andere selbstverständlich wussten: Das Wort Boulevard lädt das Kollektiv nicht ein, sich auf offener Straße aufzuführen (wie die danach benannten Zeitungen: die Boulevardzeitungen). Boulevard heißt »Bollwerk«, und mir scheint, das Bollwerk ist derzeit einer Vergemütlichung ausgesetzt, zum Beispiel, wenn im Stadtpark das sogenannte »Genussfestival« stattfindet und alle Wiener die Gelegenheit wahrnehmen können, zu einem Darm zusammenzuwachsen. Aber es war beim Genussfestival, da ich den Aphorismus einer Passantin aufschnappte. »Das«, sagte sie, »ist die schönste Jahreszeit: wenn die Bäume am Ring ihr frisches Grün tragen.«

Gut untergebracht

1

Ich bin »Humanist«, und es ist mir bewusst, dass Humanismus Züge einer Ideologie (im Sinne einer Irrlehre) hat. Der Mensch steht – aus der Perspektive der Ewigkeit betrachtet – wahrscheinlich im Mittelpunkt von nichts. Sich als Mittelpunkt von irgendetwas anzusetzen ist eine überhebliche Frechheit. Der freche Humanismus ist auch der charmante, zumindest hat er eine Chance, charmant zu sein. Mein Humanismus ist eher sentimental: das Meer, die Gebirge, die Tiere, die Natur – was will da der Mensch? Sich wichtigmachen?
Genau das. Wenn er sich selbst nicht wichtigmacht, tut es keine der Urkräfte für ihn. Sie machen ihn bedeutungslos. Humanismus ist für mich auch eine Zwangsverpflichtung, es bleibt einem nichts übrig als der Humanismus. Menschen, wie es so schön euphemistisch heißt, haben nichts anderes als andere Menschen. Was immer sie tun, immer werden sie auf ihresgleichen zurückgestoßen. Der Schiffbrüchige auf seiner Insel ist sogar gezwungen, inmitten der Unwirtlichkeit sich mit seiner Menschlichkeit zu befassen. Das drängen ihm die Umstände auf, er muss, ob er will oder nicht, ob reflexiv oder rein praktisch, seine Schwächen, ja, die Gefahr seiner eventuell tödlichen Hilflosigkeit zur Kenntnis nehmen.
Ich habe einen amerikanischen Prediger gehört, der gegen die Evolutionslehre vorbrachte, diese stamme nicht von einem Wissenschaftler, nicht von einem Politiker, nicht von

einem Lehrer, nicht von unseren Brüdern oder Schwestern, nein, die Evolutionslehre stamme direkt vom Teufel. Das ist religiöser Wahn. Ich habe die rhetorische Frage eines Wissenschaftlers gehört: Wozu Menschen, wenn es doch Maschinen gibt? Das ist atheistischer Wahn, und wenn sein zitierter Vertreter auch so tat, als würde er nur den eingebürgerten Humanismus verspotten, so war es doch »Menschenverachtung«, wie die Floskel der Humanisten dafür lautet.

Ein selbstbezogener Mensch wie ich kommt um den Humanismus nicht herum. Ob man als Humanist Menschenliebe kultivieren muss? Glaube ich nicht, es genügt, nicht alle zu verachten, was ja sowieso nur eine lächerliche Geste wäre, ein enttäuschtes Angewiesensein, das keinen Menschen kümmert – zumindest solange nicht, solange kein politisches oder individuelles Verbrechen damit begangen wird. Mein humanistischer Gefühlhaushalt ermöglicht es mir, manche Menschen überaus zu schätzen, oft berühmte, aber auch solche, die nicht zu den Berühmten zählen. Zum Beispiel diesen jüngeren Mann, der eines Tages bei mir anrief, denn er hatte festgestellt, dass seine früh verstorbene Mutter im selben Gemeindebau gelebt hatte wie ich.

Ich erinnerte mich an sie und daran, dass seine Mutter gleich alt wie ich war. Wir waren Kinder, Jugendliche im Gemeindebau. Der Anrufer wollte jemanden sehen und ihn sprechen hören, der die Mutter zu einer Zeit gekannt hatte, da er selbst noch nicht auf der Welt war. Er war ein Filmemacher, er machte mit einer – in meinen Augen – uralten Kamera Filme, die so aussahen, wie sie zu den Zeiten, die er erinnern wollte, modern gewesen waren. Es gab Bilder von seiner Mutter, an die der Film, für den er mich vor seine Kamera nahm, anschlussfähig erschien.

Ein solches Unternehmen zeigt eine der Schwächen und Wünsche, die man menschlich nennen kann. Mit solchen durch keine Fakten auflösbaren, immer auch scheiternden und doch unverzichtbaren Vergegenwärtigungen machen Menschen ihr prekäres In-der-Welt-Sein kenntlich. Diese Bedürftigkeit kommt auch darin zum Vorschein, dass Menschen eine Behausung benötigen, ein Dach über dem Kopf. Das ist banal, falls man eines hat, wird aber zur intensivsten Not, falls man keines hat. Die Dächer haben eine heterogene Geschichte, und ohne Zweifel ist der Wiener Gemeindebau und sind die individuellen Lebensgeschichten, die sich in ihm abspielen konnten, etwas Besonderes. Sie sind historisch – am Wohnungsmarkt – etwas Außergewöhnliches, von dem ich eine eigene, eine humanistische Geschichte erzählen kann.

2

Am Anfang erlaube ich mir, eine Binsenweisheit zu illustrieren: die Binsenweisheit aufgrund der Tatsache, dass das große graue Haus, die »Gemeindewohnburg« in Wien 15, Alliogasse 8–10, meine Kindheit und die Perspektiven des Erwachsenwerdens geprägt hat. Dahinter steckt eine Wahrheit, derer man sich gewiss sein kann. Sie lautet: Die Wohnverhältnisse sind prägend.

Ich vermute allerdings, dass die Prägekraft spezifischer Einrichtungen größer ist als die anderer – und mindestens ebenso wichtig ist, dass Einrichtungen mit der Zeit diese Prägekraft verlieren können. Wenn ich vom Gemeindebau als einer selbsterlebten Lebensform rede, dann meine ich die

Zeit – die Zeit vom Ende der fünfziger Jahre bis Anfang der siebziger Jahre.
Es hat mit dem Wiener Proletariat zu tun und zugleich mit der Verabschiedung desselben von sich selbst. Man kann das, diesen Abschied, auch Emanzipation nennen – Befreiung in die Individualisierung, in die Vereinzelung der Lebensläufe mit dem Zuwachs, dem Zugewinn eines uniformen, zugleich aber unteilbaren, mit niemandem geteilten Privatlebens nach bürgerlichem Muster.
Verkleinbürgerlichung, ein heroisches Schicksal im Hintergrund (eine Art Migrationshintergrund), ein Schicksal, von dessen Ziel und Sinn das berühmte Lied »Die Arbeiter von Wien« aus dem Februar 1934 singt:

»Wir sind das Bauvolk der kommenden Welt,
Wir sind der Sämann, die Saat und das Feld.
Wir sind die Schnitter der kommenden Mahd,
Wir sind die Zukunft und wir sind die Tat.

Herrn der Fabriken, ihr Herren der Welt,
Endlich wird eure Herrschaft gefällt.
Wir, die Armee, die die Zukunft erschafft,
Sprengen der Fesseln engende Haft.
Wie auch die Lüge uns schmähend umkreist,
Alles besiegend erhebt sich der Geist.
Kerker und Eisen zerbricht seine Macht,
Wenn wir uns rüsten zur letzten Schlacht.
So flieg', du flammende, du rote Fahne,
Voran dem Wege, den wir ziehn.
Wir sind der Zukunft getreue Kämpfer.
Wir sind die Arbeiter von Wien.«

Ohne Zweifel, wir im Gemeindebau waren die Nachfahren, gespenstisch entmächtigt, aber sozial aufgestiegen in die Welt der Vollbeschäftigung. Wir waren die Nachfahren der heroischen Arbeiter von Wien, die zum Teil tapferer waren als ihre verbalradikalen politischen Organisationen. Warum überhaupt davon reden?

Wegen der roten Fahne – die rote Fahne war zur besagten Zeit, fünfziger bis siebziger Jahre, nicht mehr flammend, aber sie war noch da. Am 1. Mai, dem Tag der Arbeit, wurde die rote Fahne noch von vielen aus dem Gemeindebau beim Fenster hinausgehängt. Sah irgendwie aus wie eine dicke rote Zunge, die aus dem Maul einer Kuh herausklafft – aber die Fahne, mit dem Abzeichen der Sozialdemokratie, wenn auch nicht mehr flammend, war ein Bekenntnis.

Im Gemeindebau war man als Sozialdemokrat (ach, mein Vater war bis zum Ungarnaufstand 1956 Kommunist) nicht allein. Aber auch wir, als dunkelrote Gäste einer roten Bewegung, mit unserer eigenen Fahne gehörten im Gemeindebau dazu. Hier war – was übrigens bis heute bei den großen und kleinen Immobilienhaien Hass erregt, ich werde darauf zurückkommen –, hier war die Realität von sozialisiertem Eigentum. Die Wohnung war von Familien und auch von Einzelnen in Besitz genommen, aber verwaltet wurde das Eigentum politisch, will sagen: im Sinne eines Gemeinwohls. Als Idee steckte im Grunde, also ganz tief dahinter: die Solidarität, die Solidarität.

Dass das Proletarische bis heute ein Reizwort sein kann, obwohl es genau wie das Bürgerliche keine soziologische Substanz mehr hat, will ich nicht übersehen. Der Kanzler Christian Kern, den die Österreicher gleich nach dem Kanzler Werner Faymann bekamen, hat sich unter anderem auch mit folgendem Satz erklärt: »Ich bin von meiner Herkunft her proletarischer als viele meiner Vorgänger.«

Das hat einen ehemaligen Chefredakteur der Zeitung *Die Presse*, der sich selbst gerne als Bürger, als »Bildungsbürger« etikettiert, zu einer Unmutsäußerung bewogen, die nicht zuletzt die modische Erscheinung des Kanzlers ins Auge fasste, mit der der Bürgerliche aber darauf bestand, »die Marxismuslehre« von heute zu interpretieren, nämlich so:

»Ist Kern ein Proletarier, oder stammt er aus einer proletarischen Familie? Könnte er in einem Dressman-Werbespot auftreten, oder hält er es nach der Maxime: ›Sozialdemokraten müssen kein Armutsgelübde ablegen‹, weil er ja nicht die Angewohnheit hat, ›besonders vor mir herzutragen, was ich in meinem Leben erreicht habe. Und das Thema Anziehen ist eher eine Geschmacks- als eine Geldfrage.‹«

Der gut angezogene Sozi, der wie ein Model der Bürgerlichkeit redet, wird vom Bürgerlichen in der Zeitung mit »Armutsgelübde«, mit »Geschmacks- und Geldfrage« und, horribile dictu, mit im Leben was erreicht haben zitiert. Das Ganze kann nur in ein Ceterum censeo münden:

»Genosse Kern ist also«, schreibt der Chefredakteur von einst (und ich zitiere seinen ganzen Schwung), »wenn man für bare Münze nimmt, was er sagt, proletarischer als viele seiner Vorgänger. Als Renner, Körner, Schärf, Kreisky, Sinowatz, Vranitzky, Klima, Gusenbauer, Faymann? Was zu der Frage führt, ob Österreich im ersten Quartal des dritten Jahrtausends jemanden als Regierungschef nötig hat, der von sich in einer Bezeichnung spricht, die im alltäglichen Sprachgebrauch kaum mehr vorkommt: Es bedeutet ja nicht mehr eine gesellschaftliche Gruppe im soziologischen Sinn, sondern eine negative kulturelle Wertung. Proletarier wird als Prolet diffamiert – derb, vulgär, ungebildet. Ist Christian Kern, Bundeskanzler der Republik Österreich, Obmann der SPÖ, ein Prolet? Er ist es sicher nicht. Ist er ein Proletarier? Er hofft offenbar, mit dieser selbst gewählten Bezeichnung und einer Rede bei der Regenbogenparade in einer Gesellschaft Arbeiterführer zu werden, die kaum mehr Arbeiter kennt.«

So ein Mummenschanz ist einem Bürgerlichen, vor allem einem Bildungsbürger ganz fremd. Seinesgleichen tritt immer authentisch auf. Selbst ist man äußerst distinguiert gekleidet, bricht aber über den Proll im Anzug den Stab: »Er will – als Proletarier, aber nicht ›Prolet im Nadelstreif‹ – zeigen, dass man auch als männliche Modepuppe politisch reüssieren kann. Ob das am Ende seiner Partei (oder was davon übrig blieb) und dem Land nützt, werden wir sehen.«

Das Schönste am Sehen ist stets, was man erst sehen wird. Warum zitiere ich das alles? Na, weil das der gespenstische Nachhall jener Lagermentalität ist, die vor allem aus den dreißiger Jahren stammt und die, wenn auch bereits verblassend, in den sechziger und siebziger Jahren noch an der Macht war. Der Prolet war eingebürgertes Hassobjekt, auch um den Proletarier vergessen zu können. Es gab nicht nur Kreisky, es gab auch den Hass auf Kreisky, und schon bei Kreisky wies man auf seine Maßschuhe hin – Symbol der Widersprüche der Sozialdemokratie. Heute redet der bürgerliche Kolumnist über die Sozialdemokratie per: »Ende der Partei (oder was davon übrig blieb)«, er geriert sich als Endsieger und scheint zu vergessen, dass nicht zuletzt seine Partei von den Furien des Verschwindens gejagt wird. Es war einmal – und ohne Zweifel wir im Gemeindebau waren die Proleten: derb, vulgär, ungebildet. Einige von uns wandten sich, als sie ihre

Anfänge hinter sich gebracht hatten, den genagelten Schuhen und dem Tweed-Sakko zu. Bei manchen von ihnen war es eine Kompensation früherer Deklassierungsgefühle und/oder eine Sehnsucht, ähnlich souverän zu wirken wie prominente Intellektuelle der dreißiger Jahre. Wunderbar bewies Kanzler Kern, dass man auch vorzüglich näseln kann, wenn man von unten kommt.
Einer der entscheidenden Unterschiede zwischen Kindheit und Erwachsensein ist, dass die Architektur, die für ein Kind groß und teilweise großartig wirkt, plötzlich, wenn man sie als Erwachsener wahrnimmt (wieder sieht), kleinmütig und kleinräumig erscheint. Diese Gemeindebauten, die ich aus meiner Kinderzeit in Erinnerung habe – und es sind in meinem Fall zwei, einer in der Reuenthalgasse, der ein sehr roher Bau war, im Sinne, der tat den Leuten nichts Gutes, die da drinnen wohnten und der andere, die Alliogasse 8–10, ein im Vergleich damit großzügigerer Bau –, sie beide erscheinen, wenn man sie als Erwachsener noch einmal besichtigt, erstaunlich klein. Aber das Wesentliche der Gemeindebauten war nie die Größe des Ortes und nie die Architektur, sondern dass diese Bauten in der Zeit, in der ich einen von ihnen bewohnte, von 1947 bis 1967, einen sozialen Zusammenhang, wie man umständlich sagt, boten.
Der Gemeindebau war nicht nur eine Unterbringung, wie er es meiner Meinung nach heute ist, wo man die Leute hineinstopft, weil irgendwo müssen sie ja sein, sie können ja mit ihrer Anwesenheit nicht die Innenstadt bekleckern. Ja, man muss sie irgendwo unterbringen, über Nacht, damit sie am nächsten Tag zur Arbeit gehen. Möglichst ausgeschlafen, um für das Bruttosozialprodukt das Ihre zu leisten. Das war in den 1950er Jahren noch nicht ganz so. Der Gemeindebau war

damals nicht nur Unterbringung, sondern auch eine Form des Zusammenlebens. Das hängt mit verschiedenen Phänomenen zusammen, sicher mit dunklen Überbleibseln aus der Nachkriegsgeschichte, aus der Zwischenkriegszeit, aber es hat auch mit dem Fortschritt der Unterhaltungsindustrie zu tun, der noch nicht so weit war, dass sich die Menschen sozusagen masturbatorisch unterhalten konnten (»Selbstgenuss bei Ich-Verlust«), sondern sie mussten sich *miteinander* unterhalten, denn sonst wäre das Leben noch öder gewesen, als es wahrscheinlich ohnedies (gewesen) ist.
Ich erinnere mich in diesem Zusammenhang an ein Phänomen, das ganz merkwürdig ist: Wir pilgerten von meiner Stiege – ich spreche von meinen Eltern und mir – zu einer anderen Stiege, um den in unserem Horizont ersten Fernsehapparat zu sehen, der sich im Privatbesitz befand. Diese Familie hatte auch einen Plattenspieler – so etwas kannten wir nicht. Telefon? Kannten wir nicht, das gab es nicht. Das kam erst allmählich ins Spiel (die Nummer kann ich noch auswendig – 95 33 062), und mit diesem Spiel wuchs die Individualisierung der Einwohner und damit auch ihre relativ geringe Beschäftigung miteinander.
Für Kinder war der Gemeindebau etwas Besonderes, denn wenn der Gemeindebau groß war, gab es viele Kinder, und die Kinder konnten in dieser Gemeinsamkeit ihr eigenes Reich organisieren. Ich erinnere mich an Aufregungen, die heute unvorstellbar sind: Wenn so eine Kindergruppe verschwunden und eine Zeit lang abgetaucht ist, um irgendwo Fußball zu spielen, und dann kamen die Kinder nicht nach Hause, und die Eltern standen in einer Phalanx vor der Haustüre und warteten, bis die Bande von irgendwoher erschien. Das war eine merkwürdige Gruppendynamik, von der man

sagen kann, dass sie nicht wiederkehrt. Und das hat ja auch Vorteile, denn das alles war von materieller Armut gekennzeichnet, wenn nicht stigmatisiert – wobei aber die alte Regel gilt, dass das Problem niemals der Reichtum ist, sondern der Palast neben der Hütte des Armen. Da wir keinen Reichtum sahen (dem 15. Bezirk mangelt es an Palästen), sondern immer nur die Hütten des Armen, sind wir mit der Armut gut zurechtgekommen.

Das Wohnen im Gemeindebau in den 1950er Jahren. Das, was man sich heute schwer vorstellen kann, ist ein Leben wie das meiner Eltern: Sie sind aus Krieg und Hungersnot schließlich in die 1950er Jahre hineingetreten. Einerseits so, wie man schon wieder in die Scheiße hineintritt, andererseits aber war es nach dem Krieg auch ein großer Auftritt: Ein Massenwahn war vorerst am Ende. Eine Unterbringung zu haben, noch dazu eine sichere, also eine Gemeindewohnung!, das war das Glück. Als Unglück empfand ich etwas anderes, und ich empfinde es bis heute noch: Ich leide, weil ich Hysteriker bin und Gefühle sich in mich überwältigend eingraben, noch sehr unter der Kälte von damals. Diese Wohnungen waren nicht zu heizen. So ein Wunderwerk wie ein Fernheizwerk gab es nicht. Es gab auch diese Gasetagenheizungen nicht, und für mich hat sich das eingeprägt. Es gibt im alltäglichen Leben nichts, was mich mehr quält als Kälte. Um zu heizen, dafür gab es einen kleinen, absurden Ofen. Und die Winter waren extrem hart. Aber alles war in dieser Zeit fast leicht zu ertragen, da man dem Hitler entgangen war, also überlebt hat.

Überleben war eine – heute unverständlich – ausreichende Lebensqualität, und nicht nur das. Mein Vater war Antifaschist der ersten Stunde, also dass der Nationalsozialismus verloren

hatte, das hat lange, lange Zeit dafür ausgereicht, dass man selbst in schwierigen Verhältnissen relativ glücklich war. Und was zur Gemeindewohnung als Lebensform gehörte, war ein Schrebergarten, den konnten sich meine Eltern erst ziemlich spät leisten. Es gibt einen erforschungswerten Zusammenhang zwischen Schrebergarten und Gemeindebau. Denn der Gemeindebau hat es, wie der Name Bau schon sagt, wenig mit der Natur. Also gehört der Schrebergarten – als Ergänzung – zum Gemeindebau. Und das Glück meines Vaters zum Beispiel, gegen Ende seines Lebens einen Schrebergarten zu besitzen, war geradezu namenlos, worüber Zyniker, die Villen mit Parks besitzen, nur den Kopf hätten schütteln können.
Mein Vater hatte sein Leben lang Bescheidenheit eingeimpft bekommen. Die Existenz der Nobelbuden, in denen ich später hin und wieder wohnte, hat er für sich geleugnet: So etwas gibt es nicht, hat er sich (und mir) gesagt, um sein Gleichgewicht zu behalten. Aber es gibt ein Glück sozusagen auf der unteren Ebene, das die reichen Leute in ihren Villen nicht ungern beschwören und aller Welt vorschlagen, denn da müssen sie nichts von ihren Realitäten abgeben. Es gibt ein Glück ohne Villa, darunter das Glück mit einer Wohnung im Gemeindebau. Eine Ahnung davon bekam ich durch eine Beklemmung meines Herzens, ausgelöst von einem Machacek der gemeindeeigenen Abräumfirma. Gegen Ende ihres Lebens schafften es meine Eltern nicht mehr, ihre Wohnung »tipptopp in Schuss« zu halten. Sie hatten nicht nur die Kraft, sondern auch die Urteilskraft nicht mehr, um zu erkennen, wie ihr Schmuckstück in der Alliogasse aussah. Es sah am Lebensende verheerend aus, und der Mann von der Abrissfirma sagte, und er meinte es gut: »Ach, Sie werden es

nicht glauben, wie super die Wohnung nach der Renovierung sein wird, wenn wir alles rausgeschmissen haben.« So ist es, ich kann es nicht glauben, aber vor der Renovierung zählt die Investition eines ganzen Lebens in Zimmer, Kuchl, Kabinett gar nix. Deshalb versucht Goethe uns zu ermuntern mit der Erinnerung an eine Insuffizienz: »Und so lang du das nicht hast, / dieses Stirb und Werde, / bist du nur ein trüber Gast / auf der dunklen Erde.«

Der Schriftsteller Ernst Hinterberger war der Schöpfer des »Mundl«, einer Wiener Proletariergestalt, die nicht im Gemeindebau, sondern in einem Altbau lebte. Gemeindebau/Altbau – das ist eine signifikante Differenz. Ich kannte Leute, die im 16. Bezirk wohnten, wo es eine Reihe von Nicht-Gemeindebauten gab – das war ein unbeschreibliches Elend, mit kaputten Wasserleitungen und mit all den anderen Ruinen ... Ich kann aber eine Geschichte erzählen, die – trotz Ende der Utopie – diese Utopie noch einmal anspricht. Ich meine die Utopie der Sozialdemokratie, die da lautet: Verbesserung der Lebensverhältnisse derer, die nicht gut gestellt sind. Ich kannte einen sehr engagierten Senatsrat, einen Architekten in der Gemeindeverwaltung, und das zuvor angesprochene Heizproblem war für meine Eltern im Alter ein unlösbares Problem. Der Vater mit mehr als achtzig Jahren ging mit zwei Kübeln in den Keller und holte die Kohlen herauf, um dann einzuheizen. Ich erklärte dem Senatsrat diese Not, und er hat gesagt, keine Sorge, es dauert nur ein halbes Jahr und dann kommt die Fernheizung. Das Glück, das dann einzog, als die alten Leute die Fernheizung hatten, war auch skurril, weil sie ihr Gerät raufschalteten, sodass man in der Überhitzung glaubte, man sei in der sprichwörtlichen Sauna.

Mit der ersten Gattin dieses von mir geschätzten Autors Ernst Hinterberger hatte ich einen substanziellen Streit. An einer Stelle meines umfangreichen Werkes hatte ich von gelben Streifen auf der Unterhose eines Mitbewohners im Gemeindebau geschrieben. Frau Hinterberger machte mich daraufhin zur Sau: Gelbe Streifen auf Unterhosen habe es bei den kleinen Leuten nicht gegeben, diese seien bis zum Exzess reinlich gewesen. Es scheint mir klar (auch wenn's ein Klischee ist), dass die unteren Klassen, was die Körperlichkeit und die Privatheit betrifft, weniger empfindlich sind als vor allem der Mittelstand. Der kleinbürgerliche Mittelstand hat natürlich eine Reihe von Abwehrhaltungen und Privatschutzmaßnahmen getroffen, die wenig in proletarischen Zusammenhängen galten. Aber dennoch war in der österreichischen Arbeiterschaft und unter den österreichischen unteren Kleinbürgern die Trennung zwischen Privatheit und Öffentlichkeit eine sehr harte. Wenn man die Nostalgieveranstaltung »Kaisermühlen Blues« im Fernsehen beobachtet, einen Blues, der ja aus einem Wunsch entstanden ist, eine bestimmte Zeit zu verewigen und in eine Gegenwart hineinzumanövrieren, in der sie längst schon weg war, dann kann man an dieser Nostalgie beobachten, dass die privaten Lebensgeschichten der Einzelnen sehr öffentlich geführt worden sind, geradezu im Hof. Der Hof im Gemeindebau eine Agora – das ist im antiken Sinn ein Veranstaltungsort, eine Institution zur Herausbildung der Identität, und so etwas hat es auch tatsächlich bei Hof in der Alliogasse gegeben.

Ernst Hinterberger war auch der Drehbuchautor der Fernsehserie »Kaisermühlen Blues«, in der alle nennenswerten Figuren im Gemeindebau wohnen. Der Gemeindebau war im »Kaisermühlen Blues« der Stützpunkt, von dem aus »die kleinen Leute« ihre Folklore entfalteten. Aber Hinterbergers Idylle der Formung und Bewährung von Menschen im Hof stimmt nach meiner Erfahrung nur partiell. Es gab im Gemeindebau eine harte Grenze, und in meiner Erinnerung bildete die Eigentumsfrage die entscheidende Differenz. Es hieß »mein Kleid«, »mein Sakko«, »mein Ding«. Das Besitzdenken ist, glaube ich, ein entscheidender innerer Antrieb, die Privatheit rigoros zu etablieren. Denn erst dann wird privates und öffentliches Leben – ich sage es bewusst mit diesem Ausdruck – gleichgeschaltet, wenn allen alles gehört, und davon kann keine Rede sein. Mein und Dein war eine strikte Unterscheidung.

Aber es gab eben Öffentlichkeitsformen, die es heute nicht mehr gibt und deren Restbestände in der Gegend herumstehen. Zum Beispiel das »Schutzhaus Zukunft« im 15. Wiener Gemeindebezirk; dort war tatsächlich proletarische Öffentlichkeit möglich – einst. Dort veranstaltet heute der akademische Mittelstand seine Maturafeiern, und auch Hinterberger hat Hütten wie dieses Schutzhaus – als Vergnügungsstätten – in seinen »Kaisermühlen Blues« eingefügt, wo dann die Extremschrammeln vor versammelter Komparserie das letzte Röcheln des Wienerischen vorspielten.

Waren im Gemeindebau die Türen versperrt, sind die Leute zu Besuch gekommen, war das Stiegenhaus öffentlicher Raum? Ich glaube, das war individuell (und chronologisch) sehr unterschiedlich, aber manche Türen standen eher offen. Und das hatte einen vernünftigen Grund – das Hüten der Kinder. Die Kinder musste man irgendwo hintun und am besten dorthin, wo schon andere Kinder waren. Das Kinderhüten war Teil des öffentlichen Lebens im Gemeindebau, dafür wurden viele Grenzen der Privatheit aufgehoben. Aber man darf sich das nicht so vorstellen, dass die Leute – wie in einem Kibbuz, dieser wunderbaren israelischen Einrichtung – ein und aus gehen, sondern, und das ist bemerkenswert, es gilt, dass das, nennen wir es wieder einmal Proletariat, oder sagen wir unbestimmter, die Unterschicht, eine prüde Seite hat, nach der hin sie sich abschließt, sich einsperrt und zusperrt.

Es gibt beides: Es gibt eine stärkere Körperbetontheit des Zusammenlebens, das geht bis in die Aggression – Kriminalität in der körperlich aggressiven Form ist eher bei der Unterschicht zu Hause, in der sublimierten Form hat es die Oberschicht gepachtet. Das Körperliche einerseits, aber andererseits gab es auch eine erstaunliche Prüderie. Und ein offenes Haus zu führen, das ist ja teilweise eine bürgerliche Protzvorstellung. Dass man alle zu sich einlädt und dann auch dementsprechende Formen der Geselligkeit pflegt, die stärker oder weniger stark ritualisiert sind, davon kann ich nichts berichten. Ich habe Ansätze dazu immer wieder erlebt, aber die meisten Formen einer offenen Geselligkeit sind schon in den Ansätzen erstickt. Jeder lebt seine Not, jeder stirbt seinen Tod, und dabei erübrigen sich Zuschauer.

Ich denke, dass es im Gemeindebau (ich rede vom Zeitraum der sechziger Jahre) sowohl ausgesprochene als auch unausgesprochene Regeln gab. Eine der Regeln war, am Sonntag ins Wirtshaus zu gehen; das ist eine seltsame Regel, die besagt, dass man Sonntag Vormittag ins Wirtshaus geht und Karten spielt und trinkt: im Sommer ein Krügel oder mehr – das war das Glück. Eine andere Regel war die Fahrt ins Gänsehäufel, sprich, die sommerliche Fahrt in die städtischen Bäder, auch ins Arbeiterstrandbad, aber eben vor allem ins Gänsehäufel.

Das gehörte zu den Regeln, wer das nicht machte, war ein vaterlandsloser Geselle. Aber es war eine ganz selbstverständliche Angelegenheit. Das waren keine eingeredeten Regeln, sondern das waren Regeln, die die Leute selbstverständlich mitgetragen haben. Solche Regeln gab es in großer Zahl. Man sollte, um die sozialen Selbstverständlichkeiten von damals aufzuklären, nicht zuletzt die Trinkgewohnheiten studieren: Das Krügel verschwand geradezu asozial im einzelnen Trinker.
Damals gab es aber noch die Zweiliterflasche Wein, den sogenannten Doppler. Der Doppler war oft das Fundament des Zusammenseins, um das herum man saß. Heurigenbesuche gehörten ebenso zum Leben unserer Eltern, aber eben nicht nach Grinzing, sondern mehr nach Stammersdorf, was natürlich auch schon ein Luxus war. Und es gab Sachen, die man einfach nicht machte. Beispielsweise war es undenkbar, selbst wenn man das Geld gehabt hätte, dass man mit dem Taxi fuhr, das tat keiner. Und selbst wenn es damals schwerer gewesen wäre, weil es einen Schaffner gab, so fuhr man absolut nicht schwarz. So etwas war undenkbar (oder genauer: Undenkbar erscheint es mir im Rückblick). Man machte auch nicht übertriebenen Lärm. Was einem heute an Lärmerzeugung zugemutet wird, das war geächtet und wurde unter Umständen geahndet –, mit einer rüden Zurechtweisung, die die Leute einander – ohne offiziöse Hilfe – erteilten. Jedoch war das Leben, und das ist wesentlich, nicht dramatisiert durch Verbote und Regeln.
Mit Ausnahme jener Regeln für Kinder, über die der Hausmeister ohne Gnade wachte und von denen ich gleich erzählen werde, gab es dieses spezifische Dramatisieren durch Verbote und Regeln hauptsächlich deshalb nicht, weil sich das

Leben in der Hauptsache nicht in der Reproduktion, in der Erholung ereignete. Man darf nicht vergessen, wie schwer die Leute arbeiteten. Sie gingen täglich zur harten Arbeit und, ja, sie hatten daran schwer zu tragen. Sie waren froh, dass sie Arbeit hatten, das war der wesentliche Teil des Lebens – und das Wohnen hatte vor allem eine starke kompensatorische Funktion: Es machte die Verletzungen und Erschöpfungen aus der Arbeitswelt wett. Um die Arbeit auszuhalten, waren die Erholungsphasen in den Wohnungen notwendig. Das Leben aber kreiste ums Arbeiten – außer bei den Kindern, die wie die Figuren bei Proust jenseits der Arbeitsgesellschaft im Gemeindebau existieren konnten.

Die Geschichte mit den Kleinfamilien, mit der Überrepräsentanz von Kleinfamilien, muss man ökonomisch auf die Gesamtgesellschaft beziehen. Viele Kinder zu haben hätte geheißen, arm zu sein, und für viele sorgen und zahlen zu müssen wäre der Ruin gewesen. Daher war die Triade (Vater, Mutter, Kind) für die hoffnungsvollen Menschen in den 1950er Jahren fast die einzige Möglichkeit. Die Hoffnung auf den materiellen Aufstieg war einfach an das Kleinhalten der Familie gebunden – daher gab es im Gemeindebau selten Großfamilien. Es irritiert mich, aber ich kann mich an alleinerziehende Mütter in den 1970er, 1980er und 1990er Jahre nicht erinnern. Die gab es, zumindest in meinem Milieu, nicht. Sondern die Familien hielten in meiner Erinnerung, bei allem Hass, der zwischen Mann und Frau üblich ist, als Familie erstaunlich gut durch. Das Familienbild gilt ja in allen Schichten bis heute: die bürgerliche Familie als eine Absprache zwischen ökonomischer Arbeitsgemeinschaft und romantischer Gefühlsversorgung.

Und die Großeltern?

Ich erinnere mich an Reinisch Karl, an einen Menschen in meinem Alter. Seine Großeltern wohnten auf engstem Raum mit ihm und seinen Eltern in einem Gemeindebau, ganz nahe beim Urban-Loritz-Platz in der Nähe des Wiener Westbahnhofs. Wenn ich mich recht erinnere, war diese familiäre Gemeinsamkeit alles andere als reibungslos. Aber, und damit überbeanspruche ich mein Gedächtnis, es war durch Karls Großvater in der Gemeindewohnung ein anderer historischer Horizont präsent: Der Mann war im Ersten Weltkrieg Soldat gewesen, ein Krieg, dessen Brutalität das Volk in meiner Kinderzeit schon vergessen hatte.
Der Vater meines Vaters wurde von den Nazis ermordet, und die Eltern meiner Mutter, die hatten eine ganz merkwürdige Unterbringung. Sie waren entsetzlicherweise Nationalsozialisten gewesen. Mein Großvater war Arbeiter in den Schmidtstahlwerken im zehnten Bezirk, und vis-à-vis von den Schmidtstahlwerken gab es eine Siedlung für Werksarbeiter. Das war eine Gartensiedlung mit Wohnung, ich habe es deutlich vor mir, denn das Haus im spärlich Grünen gibt es sogar heute noch, und Verwandte von mir leben darin recht und schlecht.
Unterbringungen wie das Haus meines Großvaters, das die Fortsetzung des Stahlwerks mit anderen Mitteln war, stellten den Versuch dar, über Firmeneigentum eine andere Lebensform als den Gemeindebau zu ermöglichen. Das hatte sehr wohl politische Gründe: So wie Bismarck die Sozialversicherungen einführte, auch um der Arbeiterschaft den revolutionären Elan zu entziehen, so hat der Konservatismus Wohnformen gesucht, die nicht von vornherein zur Sozialdemokratie tendierten. Es gab auch für »Unterschichten« andere Wohnformen, und meine Großmutter und mein Groß-

vater mütterlicherseits, die Schwester und der Bruder meiner Mutter hatten so ihr Unterkommen.
Die Generation der Großeltern im Gemeindebau habe ich in sehr freundlicher Erinnerung, diese alten, oft griesgrämigen Damen mit ihren unfassbaren Frisuren, den gedrehten Locken. Sie schauten in unermesslicher Langeweile beim Fenster hinaus. Alle hatten sie kein leichtes Schicksal, standen – politisch gesehen – ihr Leben lang immer auf der richtigen Seite. Aber wer gibt was drauf?
Mit keinem Gedanken hatten sie die Massenmörder ihres Jahrhunderts für sympathisch gehalten. Ihre Männer waren tot, die Kinder ausgewandert, zum Beispiel nach Schweden (einer Hoffnung der Jugend von damals), und ihr Leben lief dann halt aus. Aber aus meiner Erinnerung sind sie nicht wegzudenken, auch wenn ich niemals ein Wort mit einer dieser Überlebenden gesprochen habe. Sie gehörten dazu, und ich erinnere mich, dass es im Gemeindebau eine Hausgemeinschaft ungefähr bis in mein zehntes Lebensjahr gab – bis 1957, 1959. Mit den 1960er Jahren hat sich die Gemeinschaft allmählich aufzulösen begonnen, das hing aber auch an mir, weil ich in die Mittelschule ging, ins Gymnasium, und das war in meinem Milieu fremd, so fremd, dass man dafür nicht einmal diskriminiert wurde, das war einfach etwas völlig außerhalb aller Belange.
Und, damit ich es nicht vergesse, es gab natürlich, wie in allen Gruppen, die Außenseiter ... Zum Beispiel schwere Alkoholiker. Eine Familie, deren Mitglieder sich wechselseitig mit Alkoholismus infizierten, wohnte auf der gegenüberliegenden Stiege. Verwahrloste Menschen gab es auch, die waren sozusagen die Außenseiter. Sie wohnten, ja, sie hausten immer auf »der anderen Seite«. Es gab diese Zweiteilung,

sie wäre wissenschaftlich zu erforschen: einerseits Menschen, die den Aufstieg der Gesellschaft nach dem Krieg auch für sich selbst nutzten (und die nicht zuletzt Träger des Fortschritts wurden), und andererseits Menschen, die nicht mitkonnten, manchmal auch nicht mitwollten, die mitten unter uns verkamen.

In der Reuenthalgasse herrschte ein Hausbesorger, der hieß mit Vornamen Rochus. Er war in unseren Kinderaugen der Teufel selbst: ein blutiger Autokrat, ein König Ubu. Er hat alles kontrolliert und war eine Person in grauslicher Machtvollkommenheit, vor der sich jeder fürchtete. Eine solche Schreckensgestalt war dann später, also etwa ab 1957, in der Alliogasse nicht mehr möglich, da war kein Hausmeister mit einer solchen Machtvollkommenheit, auch weil das ein weitaus größerer Ort war.

In der Alliogasse waren mehrere Hausmeister, die hätten sich in ihrer Machtvollkommenheit konkurrenziert und damit relativiert. Aber ich kenne das noch, wie der Hausmeister fluchend, peitscheschwingend und gesetzgebend das Haus in Ordnung gebracht hat und wie er Furcht in die Kinderseelen brachte.

Obwohl ich nicht weiß, welche Sanktionierungsmaßnahmen dem Hausmeister zur Verfügung standen, die Furcht vor ihm ist mir unvergesslich geblieben. Er war nach dem übermächtigen Vater, der in der Familie von innen heraus wirkte, die erste Gestalt und das erste Prinzip, deren Macht von außen kam. Man darf ja nicht vergessen, der »Schatten der Zeit« (um einen Titel von Erika Pluhar zu zitieren) war der Schatten eines autoritären Systems, und wenn man Qualtingers »Herrn Karl« hört, hört man, was für eine Rolle die Haus-

meister in Wien hatten. Wenn die Polizei, und das wusste ich von meinem Vater, jemanden überprüfte, ging der Polizist zum Hausmeister. Der Hausmeister war der Erste, der gefragt wurde: »Wer ist der?« »Was macht der?« »Was tut der?«
Die Hausmeister waren sogenannte Drehpunktpersönlichkeiten, das heißt, sie waren Leute, die einerseits zum Haus gehörten, die aber andererseits von außen gefragt waren und die als Obrigkeit antworteten. Psychologisch, für meinen Privatgebrauch, würde ich dieses Hausmeistersyndrom als Donald-Duck-Syndrom bezeichnen. Donald Duck ist auch eine autoritäre Persönlichkeit, die aber immer an den eigenen Ansprüchen scheitert. Hinter Donalds angemaßter Autorität formiert sich der Schwarm der Kinder, der drei Neffen, die es eigentlich immer besser wissen ... Tick, Trick, Track wissen aber zugleich, unser Onkel ist unbelehrbar. Donald Duck muss eben in die Fallen laufen, und weil er sich so oft, wenn er wieder einmal nach oben will, den Kopf anhaut, ist er halbwegs erträglich. Würde er reüssieren, käme er oben an, wäre er furchtbar. Dann wäre er nicht mehr Donald Duck, dann wäre er König Ubu – so weit bringt er es aber nicht.
Die Hausmeister konnten Übertretungen nur mit lauter Stimme ahnden, das haben sie immer gerne und lauthals getan. Als Kind bekam ich es eingebläut, dass man nicht ins Gras steigen darf, nicht dieses und jenes tun darf. Wiederum etwas, das nicht mehr vorstellbar erscheint: was es bedeutet hat, unter diesen lebensfeindlichen Verboten zu leben, ihre Lächerlichkeit ernst nehmen zu müssen ... Als ich als Zehnjähriger nach England kam, begriff ich schnell, dass dort eine andere Welt war, nicht zuletzt weil die Parks und Gärten wirklich öffentlich waren, der Rasen also zugänglich, betretbar.

Heute ist es selbstverständlich, dass zum Beispiel der Garten in der Hofburg offen steht und dass man sich dort ins Gras setzen darf, dass der Stadtpark offen ist und man sich dort ins Gras setzen darf. Das ist ungeheuer für jemanden wie mich, der in der Verbotszeit ein Kind war. Selbstverständlich boten die Regeln damals auch die Chance, sie lustvoll zu verletzen. Sie ermöglichten und provozierten die Freude an der Übertretung genauso wie das Gegenteil. Gerade das Betreten der Gartenanlagen, oder was im Hof so schien wie eine Gartenanlage, bedeutete etwas Unglaubliches, man muss fast sagen, es war ein Tabu. Und die Auflösung dieses Tabus kam tatsächlich, glaube ich, von England her, denn dort war die Bevölkerung auch in den Parks daheim. Die Befreiung des Rasens vom Verbot, ihn zu betreten, war eine erstaunliche Kulturleistung des bis heute relativ autoritären Österreichs.

In meiner Erinnerung war es die Utopie des Gemeindebaus, ein Dach über dem Kopf zu haben – ein billiges und sicheres Dach. Ästhetische Ansprüche gab es nicht, und die ideologischen waren verblasst. Es gab die alte Utopie des Verteidigens gegen die Bourgeoisie und die katholische Herrschaft nicht mehr, und das Einzige, das als Utopie übrig geblieben war, war Sicherheit und eine Art von Geborgenheit in der kapitalistischen Gesellschaft, von der man wusste, und das wusste man als »Proll« genauso wie als Marx lesender Student, dass die ökonomische Ordnung sehr instabil ist und dass das Massenelend stets vor der Tür steht. Das war auch ein Moment der Kindererziehung: Wir müssen einen Beruf lernen. Einen Beruf lernen! Und diejenigen, die sich ein bisschen mehr am Kleinbürgertum orientiert haben, müssen maturieren und dann am besten ein Jusstudium ..., aber generell muss man einen Beruf haben! Dafür war man be-

reit, vieles auf sich zu nehmen. Ein Berufsleben, das war die Utopie.
Was dann allmählich den Lebensalltag – zum Beispiel der jungen Leute – ausmachte, war dieser Beruf: dass sie Lehrlinge waren, ihrem Beruf mehr oder weniger verbunden, dass sie wenig Geld verdienten, viel Arbeit hatten und unter autoritärem Druck standen. Diese Chefs damals waren ja keine Kleinigkeit. Das Wort Mitarbeiter, wie man in der Firma heute die Untergebenen nennt, war damals nicht geläufig. »Lehrjahre sind keine Herrenjahre«, kann man da nur ironisch zitieren. Ich war in meinem Milieu der Einzige, der das Gymnasium besuchte, traf aber im Gymnasium Leute, die aus meinem Milieu kamen, wenn auch aus anderen Gegenden der Stadt. Aber, wenn man's kann, dann muss man sich vorstellen, dass man im Laufe dieser Jahre in ein Paradies vorstieß, in das Paradies der Vollbeschäftigung.

3

Ja, ich eröffnete diese Erbaulichkeiten mit einer Reminiszenz an den Gemeindebau. Als Titel für die eröffnenden Bemerkungen, die sich mit dem Wohnen befassten und damit, was Wohnen bedeuten kann (zum Beispiel einen sentimentalen, auch durch Architektur bedingten Wert) hätte ich »Schauder und Idylle« wählen können, ein geklauter Titel übrigens. Immerhin wäre der Untertitel Eigenbau: »Wohnen im Kapitalismus, aber in sozialistischer Enklave.«
Der parodistische Titel, vor allem der Untertitel, fiel mir zugleich damit ein, dass sich wahrscheinlich bis heute alle Hausherren über die bloße Existenz von Gemeindewohnun-

gen zu Tode ärgern, alle Immobilienversilberer, die den freien Wohnungsmarkt als ihre blutige Spielwiese haben (blutig deshalb, weil die Kundschaft sich dort ausblutet).
Aber auch die Sozialdemokratie, die man als Agentur ihrer Selbst-Entsubstanzialisierung betrachten darf, vermeidet, um das p.t. Publikum nicht zu erschrecken, gerne die Reminiszenzen an Gegenpositionen zum Markt und versammelt ihre hilfreichen Leistungen unter dem neutralen Namen Wiener Wohnen. Vom Wiener Wohnen in den fünfziger und sechziger Jahren hatte ich einiges zu erzählen, und ich werde mein Lebtag davon erzählen. Auch Ernst Hinterberger hörte zu Lebzeiten mit dieser Erzählung nie auf. Es gibt ein Fernsehporträt von ihm, in dem er nicht vom kleinen Glück, sondern vom Glück der Kleinheit erzählt. Die »kleinen Leute« waren Hinterbergers Um und Auf. Das Glück fand dieser Schriftsteller nicht zuletzt darin, dass er seine Mitbewohner im Gemeindebau – er wohnte selbst in einem – dezidiert als »seine Leute« empfand. »Das sind meine Leute«, sagte er, nicht ohne auf die ganz Anderen (und ihre Sprechweise) hinzupecken, die in den Nobelbezirken Hietzing und Döbling zu Hause waren.
Außerdem schwärmte der Dichter des »Kaisermühlen Blues« von seiner eigenen Gemeindewohnung: 44 Quadratmeter, mehr hat er nicht gebraucht. Wohnen in den *little boxes* ist kein überzeitliches Phänomen, sondern es war in den angesprochenen Jahrzehnten etwas vollkommen anderes als das, was es heute ist. Und doch ... Pete Seeger sang es für den Mittelstand, den wir, meine Eltern und ich, im Lebenskampf allmählich erreichten: »Little boxes on the hillside / Little boxes made of ticky tacky / Little boxes / Little boxes / Little boxes all the same.«

All the same – das galt auch für uns Prolls, die wir die Errungenschaften des halbherzigen Sozialismus bewohnten: All the same, aber das in aller Ambivalenz: Froh über die Begünstigung, eine Gemeindewohnung zu haben, andererseits – bewusst oder unbewusst – eingeschränkt, eingeengt durch ihre Normierungen. Waren das nicht doch, fragt ein undankbarer Mensch (und ich nehme diese Frage der Bewusstwerdung halber wieder auf), Unterbringungslöcher, gerade ausreichend dafür, um sich zu erholen und um – vorübergehend zu Kräften gekommen – wieder arbeiten gehen zu können?
Es macht mir Freude, Architektur und Philosophie durch deren Metaphorik miteinander zu verknüpfen. Ein leichtes Beispiel dafür gibt das Wort »erbaulich« oder in der Umgangssprache: »Das baut mich auf.« Man müsste hier systematisch arbeiten – ich bleibe aber, weil ich's nicht anders will, bei unsystematischen, aber sachdienlichen Einfällen. Es fiel mir der Turm ein, der schon im Schachspiel etwas Hervorragendes hat, ohne sich wirklich super übers Spielfeld bewegen zu können. Aber metaphorisch gibt der Turm ganz schön was her. Der Turm als Wohnstätte, ein Gegenprinzip zum sozialisierenden Gemeindebau. Uwe Tellkamp, Autor eines zeitgenössischen Romans (über die letzten Tage der DDR) mit dem Titel »Der Turm«, erzählt in einen Interview: »Turm ist zunächst einmal die Bezeichnung für das Stadtviertel, in dem der Roman spielt. Dann ist an den Elfenbeinturm gedacht, auch an die ›Turmgesellschaft‹ natürlich. Aber man kann ebenso an den Babylonischen Turm denken, der einstürzt, an die Sprachverwirrung, die am Ende der DDR vorherrschte, die Kakophonie.«
Einige Interpreten sehen einen Zusammenhang zwischen dem Nomen »Turm« und dem Verb »türmen«: Das von Tell-

kamp im Roman beschriebene Bildungsbürgertum versuche in eine Art innere Emigration hinein- und damit aus der Realität der DDR-Gesellschaft herauszufliehen, was aber, so der Autor, nicht gelingen könne, da schließlich jeder zumindest »einkaufen« müsse.

Das kaufe ich gerne. Aber ich habe noch eine Turmmetapher, die Nietzsche in einem traurig hochfahrenden Augenblick seines Lebens verwendete. Zuvor aber zu einem anderen Turm, der ebenso real dasteht und zugleich als Metapher dient: In seinem 38. Lebensjahr, im Februar 1571, zog sich Michel de Montaigne in seine Turmbibliothek im Château de Montaigne zurück. Er hatte sein Amt als Richter in Bordeaux verkauft. Hier in seinem Turm nahm er sein Lebenswerk, die »Essais«, in Angriff. Die ersten zwei Bände erschienen 1580. Montaigne schrieb an seinem Werk bis zu seinem Tode im Jahre 1592 weiter.

Eine lateinische Inschrift an der Wand der Bibliothek des Michel de Montaigne lautet auf Deutsch: »Im Jahre des Heils 1571, im 38. Lebensjahr, am 28. Februar, seinem Geburtstag, hat sich Michel de Montaigne, schon lange müde des Dienstes bei Gericht und in öffentlichen Ämtern, in voller Manneskraft in den Schoß der gelehrten Jungfrauen zurückgezogen, um in Ruhe und aller Sorgen ledig, wenn es das Schicksal ihm vergönnt, den kleinen Rest seines schon zum großen Teil verflossenen Lebens zu vollenden; er hat diese Stätte, diesen teuren von seinen Ahnen ererbten Zufluchtsort, seiner Freiheit, seiner Ruhe und seiner Muße geweiht.«

Hier haben wir den Turm als architektonischen Inbegriff eines Rückzugs, und das ausgerechnet, wo doch der Turm, nicht zu reden vom Leuchtturm, etwas mit Sicht und Aussicht zu tun hat. Außerdem hat der Turm in meiner Wahr-

nehmung nichts zu tun mit dem Verbergen, sondern mit dem Überragen.
Montaignes Turm hat noch eine Eigenschaft, die zu denken gibt. Auf den Deckenbalken seines Turms hatte dieser Künstlerphilosoph 53 Inschriften, eine intensiver philosophisch als die andere, zum Beispiel: »Die leeren Schläuche bläst der Wind auf, die leeren Köpfe der Dünkel.« Oder: »Solche unselige Mühe hat Gott den Menschen gegeben, dass sie sich darin müssen quälen.« Oder: »Ich sehe, dass wir alle, die wir leben, nichts sind als Schemen und flüchtige Schatten.« Genau aus diesem Grund darf auch der Spruch nicht fehlen, der unübertrefflich das bisher Gesagte zusammenfasst. Er lautet schlicht: »Alles ist eitel.« Und in bereits geschwätziger Fassung: »Wie leer ist doch alles.«
Was stand denn an der Wand in der Gemeindewohnung meiner Eltern? In unsichtbarer Schrift wohl: Du sollst deinen Vater ehren und ein bisschen auch deine Mutter, wie dir der Herr Vater es geboten hat, auf dass du lange lebest und dass dir's wohl gehe in dem Lande, in dem eines Tages vielleicht sogar einer wie du einen Job kriegen wird …
Ich weiß noch nicht, was ich über bewohnte Inschriften denken soll, aber die Vorstellung, in meinen vier Wänden Beschriftungen zu besitzen, die mir meine eigene Philosophie widerspiegeln, hat eine euphorisierend komische Wirkung. Als Subjektivist zitiere ich dazu Fichte, der doch ein Ahnherr des modernen Konstruktivismus war. Er sagte: »Was für eine Philosophie man wähle, hängt sonach davon ab, was man für ein Mensch ist.« Gott weiß, ob man – in Abhängigkeit zu dem Menschen, der man ist – diese Wahl hat. Die Philosophie, die man nolens volens ist, nimmt einen in Beschlag, und die, die man nicht ist, stößt sich von einem ab.

Aber so wie andere Menschen sich mit Bildern umgeben, kann man auch in der gleichen Funktion statt Bilder Sätze einsetzen: Das Bild, an dem das Herz hängt, erzeugt Geistesgegenwart, ist – wenn schon sonst nichts – ein aufweckender, munter machender Anreiz, das Bild selbst zu betrachten. Hinschauen, und man erfährt, was man schon weiß: dass das Bild einem immer wieder eine Nachdenklichkeit ermöglicht, deren Verlust die Alltagsexistenz ausmacht. Inschriften helfen, weil sie einen Rahmen abgeben, innerhalb dessen man sich in seiner Wohnung, in seinem Turm geistig bewegt. Montaignes Inschriften enthielten, wenn ich mich nicht irre, eine Warnung. Sie lautet: Ja nicht sich groß dünken, geschweige denn daheim, wo einen keiner dabei stört, größenwahnsinnig sein.

Die Chancen zur imaginierten Übergröße sind in der Turmbibliothek nicht klein. Man kann die Gedanken auftürmen und sie wie ein Feldherr zu ungeahnten Siegen führen. Da ich, was mich betrifft, an Größe sowieso nicht denke, stellt sich mir die Frage, welche Warnungen ich zu Inschriften machen müsste, um ein der Philosophie gefälliges Leben zu führen ... Also gestehe ich: Den Montaigne habe ich nach Wikipedia abgehandelt, die folgende Nietzsche-Stelle beziehe ich aus Werner Ross, »Der ängstliche Adler. Friedrich Nietzsches Leben«.

Bei Nietzsche gibt es eine Stelle, in der ein Turm vorkommt. Anders als bei Montaigne ist Nietzsches Turm allerdings eine bloße Metapher. Nietzsche war der Meinung (und darin war er ganz und gar nicht wahnsinnig, er war es ja noch nicht), dass mit seiner Philosophie eine neue Zeitrechnung anbrechen würde. Wenn einer vom Rang Nietzsches – systematisch – der Religion den Garaus macht, dann sind im 19. Jahrhundert andere Zeiten im Kommen. Zum Kommenden, so Nietzsche, sei sein »Zarathustra« nichts als eine Vorrede, eine »Vorhalle«, fügte er hinzu. In einem früheren Brief an Overbeck hieß es, Overbeck werde aus dem Finale des »Zarathustra« ersehen, was mit der ganzen Symphonie gesagt sein soll. Den musikalischen Vergleich ergänzte Nietzsche durch einen architektonischen: »... sehr artistisch und schrittweise« habe er gearbeitet, »wie man etwa einen Turm baut.«

An dieser Stelle kann ich einen Sonderfall von Bauen erwähnen. Otto Neurath, ein erklärter Anti-Metaphysiker, hat ein Gedankenmodell gebastelt, das den komplexen Verhältnissen der Moderne gerecht werden will: »Wie Schiffer sind wir, die ihr Schiff auf offener See umbauen müssen, ohne es jemals in einem Dock zerlegen und aus besten Bestandteilen neu errichten zu können.« Danach soll man das im Unwetter schwankende Schiff während der Fahrt auf hoher See umbauen. Es bleibt einem auch nichts anderes übrig. Keine Vorbereitung, allein der schnelle Zugriff hilft im Notfall weiter, und dieser Notfall besteht, ist man einmal in See gestochen, andauernd. Unterwegs ist höchste Geistesgegenwart gefordert, es gibt ja nur wenige Regeln von vornherein, der Rest ergibt sich im richtigen Moment, genauer: in dem Moment, den man als den richtigen erkennt. Regeln, die schon vor Antritt der Fahrt gültig waren und es dann auch auf hoher See bleiben sollen, können unterwegs null und nichtig werden.

Das ist jedoch eine Seefahrtsmetapher, und davon ist die Kultur überschwemmt. Insofern aber vom Bauen die Rede ist, vom Umbauen, ist ein Motiv der Architektur mitgemeint. Ich weiß nicht, ob Neuraths dramatisierende Metapher hält, was sie verspricht, aber ich sympathisiere mit ihr, auch notgedrungen, war ich doch in meinem eigenen Leben nichts

als ein in einen Pannendienst eingespannter Mensch, der zusammengeflickt allmählich im siebenten Jahrzehnt ankommt. Und schön war's dann auch noch! Es war schön, es war ein Gück, zum Glück blieb mir nichts erspart.
Neuraths Schiffsmetapher versinnbildlicht eines: Was immer Menschen bauen, errichten und umbauen, wenn der Sturm kommt, stellt es sich heraus, dass es keinen Grund und Boden gibt, der alles, was wir so hinstellen, auf Dauer tragen, ertragen würde. Aber wir können bis ans Ende unserer Tage improvisieren. Ständig sind wir am Bauen, die Gebäude glänzen bei Tag und bei Nacht, und doch leben wir in der Gefahr, wenn uns das Wasser bis zum Hals steht, nur noch umbauen zu können.
Als entscheidendes Wort für das Verhältnis von Philosophie und Architektur könnte das Wort »Gedankengebäude« dienen. Man müsste die Werke der Philosophen durchblättern, durchforsten, um die diesbezüglichen Metaphern zu exzerpieren. Das Wort erbaulich, so steht es geschrieben, stamme aus der Ästhetik, und es bedeute dort so etwas wie die moralische Wirkung eines Kunstwerks. Im diesem Sinne schrieb der schwärmerische Nietzsche, frisch von Wagner ergriffen, an seinen Freund Rohde, er würde mit ihm, dem Freund, gerne »den kühnen, ja schwindelnden Gang seiner (Wagners) umstürzenden und aufbauenden Ästhetik gehen«.
Umstürzend und aufbauend, aber doch einen Gang ermöglichend, den man, wie schwindelnd auch immer, gehen kann. Gedanken, selbst philosophische, sind noch keine Philosophie. Um eine Philosophie zu bilden, muss man Gedanken miteinander verknüpfen, also eine Art Gebäude errichten, das eine evidente, eigene Ordnung hat. Es gibt etwas Analoges zur Architektur in den philosophischen Systemen – und

gewiss gibt es im Gegensatz dazu auch unsystematische Philosophie, zum Beispiel solche wie die Montaignes, die ihren Zusammenhalt weniger betont als das Bewusstsein, abhängig von Erfahrungen und ihrer Kontingenz zu sein, gegen die man nichts kann, weil sie einem zufallen, nicht ganz so wie das Amen im Gebet, aber doch nicht viel anders.

Jeder Mensch, so schließe ich es aus Montaignes Essayistik, ist das, was er mit Erfahrungen, die alle haben, aus sich alleine macht. Es sind Erfahrungen, die dem Autor Montaigne spezifisch zugänglich sind, aber doch auch allen Leuten. Es sind Erfahrungen, die der Möglichkeit nach jedem Menschen etwas sagen. Aus sich denjenigen zu machen, als der man dann gestorben sein wird, hängt auch davon ab, welche Gedanken man über seine Erfahrungen zustande bringt, und den Zugang, den Montaigne dazu hatte, wird ihm keiner nachmachen können. Aber wer wüsste denn nichts von Montaignes Themen, von Freundschaft, von Zorn, von Grausamkeit, vom Dünkel und vom Sterben?

Ein unsystematisches, eingebürgerte Ordnungen relativierendes, ja destruierendes Denken hat auch in der Architektur Entsprechendes – siehe als überragendes Beispiel das Steinhaus von Günther Domenig. Das Steinhaus am Ossiacher See hält die Funktion des Hauses aufrecht, ohne aber die für ein Haus eingebürgerte funktionierende Ordnung zu bemühen. Das Haus ist frei und gebunden zugleich – was für eine schöne Utopie, allein, es ist keine Utopie geblieben, es musste *wirklich* gebaut werden, sonst könnte das Steinhaus nicht am Ossiacher See herumstehen und seinen Anblick bieten.

Ich kannte Günther Domenig, nicht gut, aber immerhin. Wir saßen im Künstlercafé, das gibt's (hätte beinahe gesagt, das gab's) tatsächlich in Klagenfurt. Von Domenig habe ich so viel mitgekriegt, dass ich annehmen darf, Architekten von hohem Rang stellen eine seltsame Mischung aus einer der Kunst nachgesagten Unabhängigkeit und den praktischen Abhängigkeiten dar. Ich bin nicht zuletzt deshalb Literat geworden, weil ich um den Preis der Armut mich mit niemandem herumstreiten möchte. Ich kann einfach arbeiten, und das ist schon schwer genug, ein Architekt aber muss unendlich viel geregelt haben, bevor er überhaupt anfangen kann.

Ich weiß nicht, ob's ein banaler Gedanke ist, aber Philosophie ist Theorie, Anschauung im Geiste. Den Architekten, der tatsächlich baut, lassen die Umstände was anschauen. Gewiss, es gibt einige Varianten, Philosophin/Philosoph zu sein, und darunter wird es auch Varianten geben, die eine lehrreiche Bindung an die Dinge des Lebens, an die praktische Welt haben. Aber wenn schon eine Nietzsche-Biographie auf meinem Schreibtisch liegt, dann seien daraus die Worte zitiert, mit denen der junge Nietzsche sich einige lästige Lehrverpflichtungen vom Halse schaffen und vom Altphilologen zum Philosophieprofessor werden wollte: »Von Natur aus auf das stärkste dazu gedrängt, etwas Einheitliches philosophisch durchzudenken und in langen Gedankenzügen andauernd und ungestört bei einem Problem zu verharren, fühle ich mich immer durch den täglichen mehrfachen Beruf und dessen Art hin und her geworfen und aus der Bahn abgelenkt.«

Das ablenkende Nebeneinander der Verpflichtungen, so Nietzsche, »halte ich kaum auf die Länge aus, weil ich fühle, dass meine eigentliche Aufgabe, der ich im Notfalle *jeden Beruf opfern müsste*, meine *philosophische*, dadurch leidet, ja zu einer Nebentätigkeit erniedrigt wird.« Damit ist das Anfor-

derungsprofil beschrieben, das Philosophen für sich nicht selten reklamieren. Als Nebenjob will das Denken ja weniger glücken. Architektur ist dagegen ein mehrfacher Beruf. Baustellen sind halt etwas anderes als Stellen an der Universität. Bauen in der Realität ist, wie ich als Laie vermute, eine Art Kampf, in dem man es mit wirklichen Widerständen aufnehmen muss. Die Philosophin, der Philosoph haben in der Theorie auch ihre Widersprüche –, sie können sie aber dialektisch, und sei es nur in Gedanken, aufheben.
Reale Widerstände, denke ich, sind etwas anderes, und alle Philosophen, gleich ob sie Materialisten, Konstruktivisten oder gar Realisten sind, verhalten sich den praktischen Anforderungen der Welt gegenüber wie Idealisten: Sie kennen sich aus, weil sie eine Idee von allem Wichtigen, von allem Bedeutsamen haben (manchmal stiften sie selber die Bedeutungen), aber sie sind, was ein Glück ist, zum Beispiel im Vergleich zu jemandem, der wirklich baut (der die gesellschaftliche Realität um ein Gebäude vermehrt), vom Handeln in diesem Sinne dispensiert. Dieser Dispens macht ja auch die Stärke der Philosophie aus: Es sollen – um Gottes willen – nicht alle Menschen in denselben Kampf verwickelt sein. Distanz zur Praxis, um sich ein Bild machen zu können, tut ebenso not, wie die Fähigkeit, sich erfolgreich in die Schlacht gegen die etablierten Widrigkeiten werfen zu können. Der Elfenbeinturm jedenfalls, wenn man ihn nicht allzu triumphierend als Adresse angibt, ist nicht der schlechteste Wohnort für Menschen. Und ist nicht der Trump-Tower, das narzisstische Wahrzeichen eines Bauunternehmers, der sich alle Widerstände aus dem Weg räumen kann, eine höhnische Parodie auf den Turm, in den Montaigne sich einst vor der Macht zurückzog?

In einem anderen Dialekt

I woa
a wocha
in Lanchester

In Lanchester
woa i
a wocha

mocha
schloffa
krocha
kocha

Da Fraonz woa do,
i hob eam troffa.
Er is sechsadochsge,
i bin vieradochsge.

Ma, da Fraonz,
geh jo, do kum i net mid.
Der Fraonz schaut aus
wia's blühende Leben –
wia fünfafuffzge.

A neucha Tog,
du schaust amoi hin
und furt is er.

Ausm kanäu
hot's heit schee grocha.
Ausm kanäu hot's heit
schee ausse grocha.

Younger days

In my younger days
I almost worked
for Antinori
in the vineyard
in the vineyard.

Oh, I always thought
you were a Budweiser guy.
But you just said
you worked for Antinori
in your younger days
in your younger days.

Yes, I almost worked
for Antinori
in the vineyard
in the vineyard.
But really
I was a Budweiser,
a Budweiser guy
in my younger days
in my younger days.

And being a Budweiser guy
I never worked for Antinori
not even in my younger days,
not even in my younger days.

Gegen die Unangepasstheit

Was ich in den letzten Jahren mit Hass erlebt habe, ohne mich zu rühren, es duldend und ständig vorhersehend (manchen sehe ich es an der Nasenspitze an, dass sie gleich damit herausplatzen werden), ist die Redewendung: »Passt! Passt!«
Dieser Aufschrei aus einer sprachlichen Bastelwelt, in der man irgendeine Materie gefügig gemacht hat, um dann aufzuschreien: »Passt! Passt«, ist wohl ein Austriazismus, Signal in einem Lande, in dem es so vielen von uns so gut passt, es ist das Faustische in uns (»Uns ist ganz kannibalisch wohl, / Als wie fünfhundert Säuen!«), und das Service, das dem Gast hier geboten wird (und das sich dieser gefallen lassen muss, denn das heißt Fremdenverkehr) ist von der Frage begleitet: »Hat's gepasst?«
Jetzt passt es vielen nicht mehr, zum Beispiel passen ihnen die vielen Menschen nicht, die hier sind, ohne zu uns zu passen. Extra von anderswo zu fliehen, um hier unpassend zu sein, ist für uns, die wir gut hierher passen, schon schwer auszuhalten. Daran gewöhnt, dass immer alles gepasst hat, ist man dem Unpassenden so sehr ausgeliefert, dass nicht wenige von uns es am liebsten hassen, weil es einfach nicht passt. Der »Missmut gegenüber multikulturellen Erscheinungsformen« wird gepflegt, und ich bin manchmal ganz außer mir, wenn ich sehe, wer jetzt alles was hasst: »Passt nicht!«, sagte ich zum Rackerl-Wirt, bei dem mir immer alles gepasst hat.
Mich hat der Rackerl-Wirt auch heuer wieder vom Bahnhof abgeholt, damit ich meine Sommerfrische im Gebirgs-

gasthaus Rackerl antreten kann. Rackerl, der gute Mann, gemütlich und noch dicker (aber viel gemütlicher) als ich, verfiel während der Fahrt, übers Steuer gebeugt, in ein Brüllen, weil ich in der Konversation unpassend wurde, also die große Koalition erwähnte: »Die beiden Großparteien«, sagte ich. Ich tat die Erwähnung mit dem Zusatz, ein Wirt sei wohl für alle da, quasi ein Neutralismus aus gastwirtschaftlichen Gründen.

»Für *die* nicht, für *die* bin ich nicht da«, rief der Rackerl-Wirt, »die passen mir nicht!«, rief er, gewiss kein Wähler einer der beiden Parteien damals in der Regierungsverantwortung. Dafür Wähler einer anderen Partei. Der Rackerl-Wirt, der zärtliche Gatte, der gute Vater, der gastfreundliche Herr, geriet vor Hass aus jeglicher Contenance, mitten am Pass, hoch oben im Gebirge.

Gegen die Anpasserei mit dem Ausdruck »Passt!« lob ich mir unangepasst. Ich hatte einmal, bevor diese Knieprobleme akut wurden (bei denen man nicht weiß, soll man sie durch Operation beseitigen oder nicht, es könnte ja die Operation erst recht ein Problem sein oder eines nach sich ziehen), also damals, als ich noch unbesorgt ausschritt, vor mich hinging, besaß ich ein paar Schuhe, die nicht nur nicht passten, sondern die auch unangepasst waren. Das heißt, eigentlich sollten sie angepasst worden sein, dafür hatte ich bezahlt, aber im entscheidenden Moment war der Schuster wohl unpässlich gewesen, und ich hatte am Ende ein Paar Schuhe, die zwar handgemacht waren, die aber überhaupt nicht zueinander geschweige denn mir passten.

Er, der Schuster, hatte sie meinen Füßen nicht angepasst, oder besser, er hatte nur einen Schuh halbwegs angepasst, den zweiten aber gar nicht, und so hatte ich eben zwei Schuhe, die mir jeweils nicht nur nicht passten, sondern die auch ganz und gar unangepasst waren. Besonders unangepasst war der rechte Schuh: Während mein Fuß im linken Schuh wackelte, keinen Halt fand, umschloss der rechte Schuh den Fuß so eng, dass ich das schmerzliche Gefühl hatte, den Abschluss meiner Beine, die *ground control*, bilde keineswegs ein Fuß, sondern ein heißer Klumpen. Ein Schuhklumpen, ganz aus Fuß.

Ich leide heute noch an der Nachwirkung dieser Unangepasstheit: Der große Zeh war so eingezwängt, dass über kurz oder lang der Nagel von ihm abfiel und ein hässlich gerötetes Nagelbett entstand, auf das eine Zeitlang überhaupt kein Schuh mehr passte. Diesen Abfall meines Zehennagels habe ich bis heute noch nicht überwunden, seelisch schon, seelisch ist mir so etwas doch vollkommen gleichgültig, aber körperlich, also gleichsam physisch, habe ich einen verkrüppelten rechten großen Zeh.

Ich nehm's nicht tragisch, auch wenn die sozialen Folgen nicht ohne waren: Dem Schuster führte ich meinen Zeh vor Augen, und ich musste mitansehen, wie ihm dieses physische Unheil, die von ihm verursachte Verkrüppelung, gar nichts bedeutete. Nichts davon, so sagte er, habe mit seinen Bemühungen, mir Schuhe anzupassen, zu tun. Vielmehr hätten meine Füße sozusagen von Natur aus diese unmögliche Passform mitgebracht. Aber auf keinen Fall seien seine Schuhe unangepasst, ich solle überhaupt zu keinem Schuster wie ihm gehen, Maßschuhe passten zu mir überhaupt nicht. »Humanic«, schlug er mir vor, »gehen Sie zu Humanic, heißen eh Franz, Herr Schuh.«

Ja, das war eine schöne Zeit, die die jungen Menschen heute nicht kennen. Die Zeit, als die Firma Humanic, eine Schuhfirma, mit dem unverbundenen »Franz«-Ausruf zum Schuh avantgardistisch Werbung machte: Der Schuh erschien am Bildschirm, und der Ruf »Franz« wurde laut, obwohl es nicht passte, weil der Schuh mit einem »Franz« gar nichts zu tun hatte, so lange, bis die Reklame sich durchgesetzt hatte und alle Menschen auf Erden, wenn ein Schuh erschien, laut »Franz« riefen. Das Unpassende war zum Passenden aufgestiegen.

Das können die jungen Menschen gar nicht wissen. Was wissen die denn schon? Als Lehrer zitierte ich der Klasse Georg Simmel, und ich fragte dialektisch, wer denn Johannes Mario Simmel kenne, und niemand, nicht ein einziger junger Mensch, kannte Johannes Mario Simmel.

Georg Simmel kannten sie auch nicht, aber ich, der ich die Werke beider kenne, finde, dass es doch ein ganz anderes Nichtkennen ist, das Nichtkennen von Georg Simmel und das Nichtkennen von Johannes Mario Simmel.

Na gut, seit mich diese Sache mit den Knien beherrscht (die keinen Menschen interessiert, mich schon gar nicht, meine Knie sind nur eine Schreibfiktion, die in Wirklichkeit durch eine Prothese ersetzt werden muss), seitdem trage ich eh nur Camper, diese Superschuhe mit der tellerartigen Rundung an der Spitze. Ich kaufe sie bei Humanic, und sie passen mir wie nach Maß gemacht. Der Mensch hat ein Auftreten mit den Campers!, nur die hellen Schnürriemen beanspruchen zu viel Aufmerksamkeit. Wenn ich mich in Schale werfe, um im Burgtheater »Die letzten Tage der Menschheit« von Karl Kraus zu sehen, dann sind Sakko und Hose einwandfrei, aber der Schuh passt nicht. Man sieht es sofort am aufleuchtenden Weiß der Schnürung, ein Kleiderskandal.

Aber meine Wunde, mein Schmerz rührt aus einem anderem

Grund: Ich kenne nicht nur Georg oder Johannes Mario Simmel, nicht nur Karl Kraus und meine Pappenheimer im Burgtheater (auch die besser angezogenen, bei denen alles passt). Ich kenne auch Wolfgang Ullrich, ich sage nur »Siegerkunst. Neuer Adel, teure Lust«. Ullrich ist ein Kunsthistoriker, ein Kunstphilosoph, der sich vom Ruf der Kunst nicht imponieren lässt, ohne sie zu unterschätzen. Er saß im Publikum, als ich unter anderen Geschichten die Passt-Geschichte vorlas, die auch meine Empörung über das Restaurant »Vestibül« enthielt.

Das Restaurant »Vestibül« ist im Burgtheater-Gebäude untergebracht, wo ein Kellner zu mir nach den »Letzten Tagen der Menschheit« sagte: »Passt bei Ihnen eh alles?«, und ich mit den berühmten Worten von Clancy Wiggum von den »Simpsons«, des dicken, äußerst inkompetenten Polizeichefs von Springfield, antwortete: »Außer meinem Hosengürtel passt mir eh alles.«

Nach der Lesung nahm mich Wolfgang Ullrich beiseite: »Die Lesung, naja, aber dieses ›Passt‹, das ist ...«, und ich glaube, es fiel ein Fachausdruck, mit dem Zweck, die umgangssprachliche Leidenschaft fürs Passen zu unterstützen. Ich dachte, egal, er wohnt im selben Hotel, ich frag ihn morgen beim Frühstück, was ihm passt oder nicht. Als ich munter zum Frühstück erschien, war Wolfgang Ullrich nicht mehr da, und ich weiß nicht ...

Passt!

Ich habe den Strudel gemacht
und habe ihn gegessen.
Ich habe die Nudeln gemacht
und habe sie gegessen.
Ich habe im Traum
den Strudel gemacht
und habe ihn im Traum gegessen.
Ich habe im Traum
die Nudeln gemacht
und sie im Traum gegessen.

Horváth

»Die Jagd nach dem Glück« – so heißt ein Gemälde oder besser ein gemalter Schinken, der ziemlich anrüchig ist. Aber, denke ich, hat man diese Jagd nach dem Glück einmal gesehen, wird man sie nicht vergessen. Zwar ist das Gemälde künstlerisch inferior, aber gerade deshalb kann es, ein Ölbild, den ganzen Kitsch, der mit der Jagd nach dem Glück verbunden ist, in sich fassen: Man sieht – auf dem Gemälde – das Glück, und das Glück, das man sieht, ist eine halbnackte Frau: die Brüste entblößt, die Beine nackt, ein Tuch wie flüchtig ums Geschlecht gewickelt. Das Tuch, das auch das Hinterteil bedeckt, weht im Winde; es ist der Fahrtwind, denn das Glück, diese strahlende, blonde Frauensperson, rollt davon, auf einer Kugel, deren Drehungen und Wendungen sie geschickt ausbalanciert.

Dieses Glück hat aber die Arme weit offen; in der rechten Hand hält die schöne Blonde, soweit ich's erkennen kann, eine Krone oder etwas in der Art, und die Krone ist der Preis des Glücks, falls man das Glück erhaschen kann. Und die schöne blonde Frau blickt zurück; sie hat den Blick auf ihren Verfolger gerichtet, auf einen rasenden Verfolger, der zu Pferd hinter dem Glück, also hinter dieser jugendlich unberührten, vielversprechenden blonden und etwas kühlen Schönheit her ist.

Das Bild sagt: Der junge Mann auf dem Pferd reitet schnell wie der Teufel, nichts anderes im Sinn als das Glück vor ihm, das sich ihm anbietet und zugleich entzieht. Während der Reiter seine rechte Hand nach dem Glück ausstreckt, sein

Glück ergreifen will, reitet hinter seinem Rücken, auf seinem Pferd, der Tod mit; der Tod, dessen roter Umhang im Winde flattert.
Schlimmer noch, in seiner Raserei hat der Reiter eine junge Frau unter seinem Pferd begraben. Die Hufe schlagen auf den Körper der hilflos Daliegenden fast schon ein, sie verbirgt ihr Gesicht vor dem entsetzlichen Schicksal, und wohlgemerkt, während das Glück hell strahlt, eine blonde Frau ist, ist dieses erste Opfer der Glücksjagd dunkel. Der Reiter, der das Glück jagt, geht, also reitet im wahrsten Sinn des Wortes über Leichen.
Das alles passiert auf einer Brücke, und man sieht förmlich, wie der vom Glück faszinierte Jüngling in sein Unglück reitet. Die Allegorie des Glücks auf der Glaskugel, die junge, schöne, blonde Frau, befindet sich bereits auf einem anderen Teil dieser Brücke über dem Abgrund, der dunkel heraufragt. Dort, wo das Glück leibhaftig lockt, erscheint die Brücke zu schmal, um Ross und Reiter noch zu tragen.
Das Ölgemälde »Die Jagd nach dem Glück« stammt aus dem Jahre 1868. »Die Jagd nach dem Glück« hat den Maler, er heißt Rudolf Henneberg, seinerzeit bekannt gemacht, und das Gemälde ist heute in der Nationalgalerie Berlin zu besichtigen. Das Bild habe ich durch Klaus Kastberger kennengelernt, den Germanisten, der an einer kritischen Ausgabe der Werke Ödön von Horváths arbeitet. Kastberger hat auch das »Ein Fräulein wird verkauft und andere Stücke aus dem Nachlass« herausgegeben, jenes Buch, das Horváths Entwürfe zu einer Revue namens »Magazin des Glücks« enthält.
Aber die Schäbigkeit des Glücks, das Glück als Massenartikel zwischen zwielichtiger Unterhaltungsindustrie und romantischem Pathos, war immer schon ein Horváth-Thema. In

den »Geschichten aus dem Wiener Wald« kommt das Gemälde »Die Jagd nach dem Glück« explizit vor, und von Kastberger weiß ich, dass das Ölbild in den dreißiger Jahren als Postkarte im Umlauf war.
»Und nun meine Sehrverehrten«, sagt ein Conférencier in Horváths »Geschichten aus dem Wiener Wald«, »das dritte Bild: Die Jagd nach dem Glück.« Vorher gab's im Programm schon zwei andere Bilder, die in einer Art Ausdruckstanz von nackten Mädchen vorgestellt wurden. Ich zitiere Horváths Regieanweisung: »Die ›Träumerei‹ von Schumann erklingt, und der Vorhang teilt sich zum dritten Male – ein Gruppe nackter Mädchen, die sich gegenseitig niedertreten, versucht einer goldenen Kugel nachzurennen, auf welcher das Glück auf einem Bein steht – das Glück ist ebenfalls unbekleidet und heißt Marianne.«
Das Bild ist vielschichtig, Soziologen könnten sagen: komplex. Ein Element dieser Komplexität kommt daher, dass Marianne, um deren Unglück sich das ganze Stück dreht, nackt Glück spielen muss. Das Pathos »Der Jagd nach dem Glück«, von dem die artistische Leistung, mit einem Bein auf einer Kugel zu stehen, geblieben ist, wird Lügen gestraft. In diesem Glücksgewerbe geht es (in Zeiten bitterer Not) nur noch darum, den Lebensunterhalt zu verdienen: nackt, hilflos, sich anbietend, vor Publikum, denn was vom Menschen bleibt, ist in dieser Situation nur sein Ausstellungswert.
»Magazin des Glücks«, das ist ein gestohlener Titel, und ich schwöre, ich hätte ihn nicht gestohlen, wäre er nicht schon so oft von anderen gestohlen worden. Der geistige Diebstahl als Gewohnheitsrecht! 2006 zum Beispiel fand, geleitet von Alexander Kluge, bei den Salzburger Festspielen unter dem Titel »Magazin des Glücks« ein intellektueller Zirkus statt,

ein Zirkus von und mit Intellektuellen. Zirkus meine ich lobend, ja, begeistert.
Im Vorwort zur diesbezüglichen Publikation schrieb Alexander Kluge die absoluten Merksätze: »Die Glückssuche, die uns Menschen gemeinsam ist, funktioniert noch in der bittersten Not, und sie steckt im schwarzen Witz, der auf die Tragödien antwortet. Die unbeirrbare Glückssuche gehört unmittelbar zur Ebene der Erfahrung. Sie gehorcht nicht der Einteilung in Drama, Komödie, Buch und Leben, ja selbst in den Künsten ohne Sinnzwang, in Dada und in der Musik, sucht sich das Glück seinen Weg. In Magazinen lässt es sich nicht aufbewahren.«
»Magazin des Glücks«, so hieß ursprünglich ein Fragment von Ödön von Horváth aus dem Jahr 1932, ein Fragment für einen Revuefilm, und es gibt dazu fünf Entwürfe des Dichters. In einem der Berichte aus Salzburg war von einem »obskuren« Ödön-von-Horváth-Fragment die Rede. Das klang für mich so, als ob erst Kluge mit seinem Salzburger Programm das Obskure von Horváth in einen Gebrauchswert verwandelt hätte. Kluges Arbeitsprinzip, so hieß es betont werkstättentauglich, sei die Zerreißprobe: Kluge schöpfe »ein obskures Ödön-von-Horváth-Fragment« von 1932 – eben jenes »Magazin des Glücks« – aus dem Depot unabgegoltener Möglichkeiten: Was wäre gewesen, wenn Horváth tatsächlich mit Max Reinhardt und Zarah Leander einen Revuefilm gedreht hätte, kurz vor der Machtergreifung der Nazis? Die Verhandlungen im Grunewald liefen ja im Dezember 1932 bereits auf Hochtouren.
Man sieht, was Kluge aus dem Horváth-Fragment gemacht hat: einen echten Kluge, und das soll er ja. Das Depot unabgegoltener Möglichkeiten ist Kluges Element; ein bisschen ver-

körpert er damit das Frommwerden der Kritischen Theorie. Ihrer frommen, hoffnungsvollen Fassung geht weniger nahe, wo der Teufel sitzt, ob nun im Detail oder im Großen und Ganzen. Fromm geworden, ist die Kritische Theorie damit befasst, wo der Teufel seine Lücke hinterlassen hat, wo man also rauskommt aus Systemzwang und Verblendung. Rettung droht von überall – so lese ich Kluges Evangelium.

Die Weiterverwendung von Texten, ja, ihr Umfunktionieren, auch die Aneignung bitterster Entwürfe für realistische Utopien zählt zu den Kulturleistungen, die den Betrieb, »die Kultur«, in Gang halten. Ich will nur nicht vergessen, dass das »Magazin des Glücks« bei Horváth einen unverzichtbaren Sinn hat: Das Revue-Fragment ist eine höllische Satire auf Systemzwang und Verblendung, nämlich darauf, dass eine Gesellschaft wie die unsere mit größten Anstrengungen bis zur Selbstüberforderung und Selbstverblödung Illusionen vom Glück erzeugt; fast jeder weiß, es sind nur Illusionen, aber man wird mit ihnen beliefert – in der heutigen Demokratie fast frei Haus, durch Film, Funk und Fernsehen, aber es gibt natürlich auch Glücksbereiche, in die kommt man bloß mit viel Geld hinein.

Horváths »Magazin des Glücks« ist eine in einem Haus untergebrachte Einrichtung, wo zahlende Gäste – zu einer Zeit, in der das Glück schwer zu finden ist – ihm begegnen können. Es gibt in dem Magazin vielerlei Zimmer, in denen das Glück wartet: zum Beispiel in Form von Kulissen fremder Länder, und am Ende gibt es sogar das Paradies. Das »Magazin des Glücks« ist die Umkehrung einer Geisterbahn, in der man den Schrecken genießt. Hier nur Gutes – draußen aber (und unter den Angestellten der Glücksbranche) ist der Schrecken Alltag. Horváths Satire gilt den begütigenden Seiten der Kulturindustrie. Im Glücksmagazin werden die Besucher in einem Dressing-Room für die glücklichen Stunden vorbereitet: »Die zahlreichen Angestellten dieser Abteilung erfrischen die Besucher mit optimistischen Gesprächen, und als Psychoanalytiker nehmen sie ihnen die Sorgen für ein paar Stunden ab und machen ihnen Mut und Hoffnung.« Trost und Rat, und ganz wichtig ist es, dass einen das Glück nicht unvorbereitet trifft; sonst fällt man vor Glück in Ohnmacht oder wird vielleicht sogar unglücklich. Die berechtigte Frage, »was ein Magazin des Glücks alles sein könnte«, wird den Blick darauf nicht verstellen, was das Magazin des Glücks alles schon ist: Im neoliberalen Zeitalter ist es zum Beispiel das Fernsehen, das einen Immobilienmilliardär, der in einer Reality Show ritualisiert »You're fired!« brüllte, zum größten Glücksversprecher der Nation und (im Verein mit der Republikanischen Partei und den sozialen Medien) zum Präsidenten der USA gemacht hat.

Nicht bezahlen!

Die Arbeiterkammer Burgenland warnt vor der Lottospielgemeinschaft »Lebensfreude«. Hinter dem hübschen Namen verberge sich eine gemeine Abzocke, so die Arbeiterkammer. Wie Konsumenten berichteten, wurden sie kürzlich überraschend angerufen. In den Gesprächen sei behauptet worden, die Konsumenten hätten einen Lottospielvertrag abgeschlossen. Ein Jahr lang sollten sie 99 Euro pro Monat zahlen. Wer darauf hingewiesen habe, dass er niemals einen derartigen Vertrag abgeschlossen habe, dem sei angeboten worden, dass er aus dem Vertrag vorzeitig aussteigen könne, wenn er drei Monate lang je 69 Euro bezahle. Wer auch das abgelehnt habe, dem sei mit einem Inkassobüro gedroht worden. Die Konsumentenberatung rät, sich von den Anrufern nicht einschüchtern zu lassen und auf keinen Fall zu bezahlen!

Textilie

Mein Pullover hat Löcher
mein Pullover hat Flecken
Könnte man die Löcher
in die Flecken stecken
oder die Flecken
in die Löcher stecken
dann wär eh alles in Ordnung.

Im Spital

Im Spitoi
hat's am Foschingsdienstag
an Heringsolod gem.
Ausgezeichnet!

(Nua woan i eam söba moch
los i de Erbsn weg).

Zu Ostan im Spitoi
des Cordon Bleu:
Spitze! Im Hochsumma
der eiskoide Guaknsolad:
Erstklassig! Und de Suppn
zu Süvesta – einfach herrlich!

Aba woan ma des goanze Johr
net richtig scheißn koa
is des beste Fressn im Spitoi
sowieso nua a Qual.

Schule der Weisheit

Heutzutage kommt man in der Kultur mit ein paar Gesten gut über die Runden. »Von Max Goldt entzückt sein« ist zum Beispiel so eine Geste, geeignet für Berufskritiker und für solche, die es als Laien sind. Sehr schön finde ich ein Taschenbuch, das ich oft lese: Max Goldts »Ein Buch namens Zimbo«. Die Schönheit des Rowohlt-Buches ist warenästhetisch gemeint: »Ein Buch namens Zimbo« ist in einem Gelb gehalten, wie man es vom Kleid her kennt, das die englische Königin zur Hochzeit eines ihrer Enkel trug. Das Buch empfiehlt sich als Geschenk. Wer wenig Geld hat, hat damit etwas Gediegenes in der Tasche!

Das gelbe Buch ist mit einem Zitat von Karlo Tobler versehen: »Zitiere nie Max Goldt zum Scherz, / denn er fühlt wie du den Schmerz.« Die Wikiquote im Internet hält sich nicht daran. Sie zitiert Max Goldt, wie er sich selbst zitiert: »Ich sollte eine private Zuckerstückchenedition herausbringen mit aphoristischen Definitionen, wie ›Aufräumen ist, was man macht, bevor Besuch kommt‹ oder ›Die Überbevölkerung sind alle, die dich nicht lieben‹ oder ›Wein ist, was man trinkt, wenn das Bier alle ist‹.«

Kann man aus dem allem herauslesen, warum es besser ist, Max Goldt nicht zu zitieren? Es liegt auf der Hand, und es ist plump, jemanden zu zitieren, der so treffend formuliert. Im Zitieren reißt man sich eine fremde Originalität unter den Nagel, und diese spezifische Originalität von Max Goldt kommt nicht zuletzt daher, dass der Autor auf sie Wert legt.

Andererseits haben Goldts Schriften die Eigenschaft, dass sie gut unterhalten, aber auch nicht schlecht belehren. Die Dichter, hieß es bei Horaz, wollen zugleich Erfreuliches und Nützliches über das Leben sagen. Was man von Goldt Nützliches lernen kann, sollte man weitergeben, und das geht am besten, wenn man es zitiert.

Ich lebe in Österreich, einem Land der allzu einflussreichen Kolumnisten. Im Kolumnenkasten toben sich die Menschen und ihre Meinungen aus. Bevor es die Wutbürger gab, gab es in den Zeitungen längst die Wutecken, in denen Profischreiber ihre Defizite überkompensierten. Max Goldt, den man gegen seinen Willen ebenfalls einen Kolumnisten genannt hat, definiert Kolumnen so: »Kolumnen sind Meinungsbeiträge in journalistischen Medien, deren Autoren sich dadurch auszeichnen, dass sie unverhohlen nach Zustimmung ihrer Leser gieren.«

Unter anderem aus diesem Ton, der nach Karl Kraus klingt, schließe ich ungebeten darauf, dass man eine Verwandtschaft zwischen großen österreichischen Traditionen und Max Goldt behaupten kann. Goldt liest manchmal in Wien aus seinem Werk, und das ist für nicht wenige Wiener aufregend. Da kommen ein Stil und eine Haltung heim, die es hier einst gab: scharfer Verstand, spielerischer, aber selten manierierter Umgang mit ihm; ein Talent zur furchterregenden Polemik, aber von Artistik elegant im Zaum gehalten.

Goldt beherrscht – wie die beschworenen Alten aus Wien (wie Alfred Polgar, Egon Friedell oder Anton Kuh) – die Kunst des eleganten Abweichens von eingebürgerten Meinungen (oder von solchen, die sich auf ihre Einbürgerung vorbereiten, die von vornherein auf sie abgestimmt sind). Goldt macht die Gemeinplätze unsicher. Die sogenannte Respektlosigkeit, die einen Polemiker auszeichnet, bezieht sich auch bei Goldt auf das vermeintlich (oder tatsächlich) geistig Überlegene. Nach einer Überlegung, der gemäß Tierpfleger die zufriedensten Menschen auf Erden sind, folgt bei Goldt die Volte: »... und zwischen Zufriedenheit und Glück zu unterscheiden, wollen wir in diesem Moment den Schlaumeiern und Sprücheklopfern überlassen.«

Der Skepsis fallen ganze Kategorien zum Opfer: »Der Alltag ist eine inzwischen etwas abgenutzte essayistische Kategorie – ich wusste nie genau, was damit eigentlich gemeint ist. Als ich einmal in Definitionslaune war, sagte ich, unter Alltag sei heutzutage wohl so etwas wie die gleichzeitige Abwesenheit von großer Liebe, Weihnachten und Krieg zu verstehen.«

So wirbelt man einen Haufen philosophischer Probleme auf. Der Staub, den man dabei aufwirbelt, wird zu Goldt-Staub, aber eben nur bei dem einen, bei Max Goldt, den man, siehe oben, ja zitieren kann, obwohl man es wirklich nicht dürfte.

Conchita Wurst, »Österreichs einziger global relevanter Popstar«, ist ein junger Mann namens Tom Neuwirth, der den alljährlich stattfindenden Eurovision Song Contest 2014 gewonnen hat. Deshalb hat dieser Wettbewerb am 23. Mai 2015 in Wien stattfinden müssen. Meine persönliche und ganzkörperliche, vor Zeugen vorgeführte Verwandlung in das Gemälde »Angst«, auf dem ein Mensch die Augen weit aufreißt und sich die Ohren fest zuhält, hat daran nichts ändern können.

Die Kunstfigur Conchita Wurst enthält schon im Namen einen Widerspruch, der sie auszeichnet: Wurst klingt handfest gegen den Traum von einer Conchita. Neuwirth tritt auf als junge Frau mit Bart, und obwohl es sinnlos ist, solche Kostümierungen durch Aufklärung zu enttarnen, wird gerne darauf hingewiesen, dass die bärtige, langhaarige Schönheit nach dem Inbild von Jesus Christus gestylt ist. Es ist ein genialer Marketing-Trick: Das kulturell eingebürgerte Inbild des Jesus Christus, der immerhin Gottes Sohn ist, wird gemischt mit dem noch vor kurzem ausgegrenzten Schreckensbild eines Transvestiten.

Daran stört nichts außer dem Gesang, den ein Sänger in so einer Konstellation sich leider nicht ersparen kann. Der junge Mann ist als junge Frau wichtig geworden, weshalb zum Beispiel die Wiener Verkehrsbetriebe seine Stimme zum Besten gaben. Über Lautsprecher hörte ich in der U-Bahn-Station Stadtpark Neuwirths Stimme mit signifikanten Sätzen: »Conchita sagt: Das Leben ist wie ein U-Bahnsteig – voller interessanter Menschen.«

Die Wurst der Sätze, die am Bahnsteig hörbar wurden, begann ritualisiert immer mit der Einleitung »Conchita sagt«, und durch die Wiederholung des Angesagten wurde Eindruck geschunden. Ich habe einen Sinn für diese Art von Sätzen, die Conchita auf öffentlichen Plätzen ironisierte. Solche Sätze beanspruchen Weisheit durch Weisheiten, und man kann den Verdacht hegen, dass Weisheit am Ende nichts als eine Stilfrage, also eine Art zu reden ist. Brecht wurde dafür gescholten, für seine »Teekannensprüche«, die in der ehrenwerten Verfremdung leicht chinesisch erscheinen sollten. Der wirkliche Meister ist ja auch ein Chinese gewesen: Konfuzius.

Ich zitiere aus einer Liste, auf der die Schlüsselbegriffe des Denkers Konfuzius versammelt sind: Himmel, Weg, Sitte, Mitte, Maß, Harmonie, Pietät und Loyalität, Menschlichkeit,

Gegenseitigkeit, Gerechtigkeit, Regierung, Dynastie, Bestätigung, Namen, Musik. Die Begriffe sind kommentarbedürftig, weil die meisten von dem abweichen, was die heutige, geschweige denn die westliche Umgangssprache aus ihnen macht. Harmonie bedeutet zum Beispiel nicht, Auseinandersetzungen zu vermeiden. Es heißt, mit sich selbst in Eintracht leben und daher nicht mehr als das wollen, was dem eigenen sozialen Stand vorgegeben ist. Konfuzius lehrt die Pflicht zu unbedingter Loyalität der Untergebenen dem Kaiser gegenüber.
Das ist altmodisch? Vorüber, vorbei? Nein, die Ideen des Konfuzius sind ein Faustpfand für sehr konservative Menschen geblieben, denen die »Anspruchshaltung« westlicher Individuen ein Ekel ist. Im September 2016 erschien in der *Neuen Zürcher Zeitung* ein Artikel, der damit eröffnete, die westlichen Besucher Chinas möchten mit ihrer Kritik an der Menschenrechtsituation einpacken. »Sinnvoll«, schreibt der Autor, »wäre es für die auftrumpfenden Besucher, nach getaner Arbeit einen Abstecher in Pekings Konfuzius-Tempel zu machen und dort fern des Alltagsgetriebes in Ruhe über die Lehren zu reflektieren, die der Westen zum eigenen Nutzen aus der großen chinesischen Kultur ziehen könnte.«
Nachdenken, wenn es denn eines ist, ist per se sinnvoll. Aber dem Autor geht es um den Nutzen, dem man fern des Alltagsgetriebes aus dem Besuch des Tempels ziehen soll. Es geht ihm darum, die Volkswirtschaft durch aufopfernde Leistung voranzubringen – gegen das westliche Primat der Ansprüche! Kein Anrecht, sondern Pflicht, Disziplin und »Eigenverantwortung«, ein Lieblingswort derer, die unterstellen, die Leute hätten durch ihre anmaßenden Anrechte ein Paradies auf Erden, zum Beispiel den »alles beherrschen-

den, entmündigenden sozialdemokratischen Beglückungsstaat«, der unglücklicherweise mir niemals begegnet ist. Tag und Nacht arbeiten und glücklich schweigen, den Ferien abschwören, alles befolgen, was einer Anspruchshaltung diametral entgegensteht, anstelle von Gewerkschaft konfuzianische »Wertehaltung«, das könnte Europa – volkswirtschaftlich – von der Verliererstraße wegbringen. Da ist mir aus der großen chinesischen Kultur die Mao-Bibel lieber. Politisch mag Konfuzius nicht fortschrittlich sein. Aber sprachlich ist er weit voraus, und auch in manchen Weisheiten (darunter solche, die sogar gegen totalitäre Volkswirtschaftsfanatiker im Westen gelten): »Der Meister sprach: Es kann einer ein Reich mit allen Provinzen und Familien in Ordnung bringen, es kann einer auf Amt und Würden verzichten, es kann einer auf scharfe Klingen treten – und Maß und Mitte doch nicht erreichen.«

Von einem weisen Mann

Ich glaube nicht, dass Menschen weise sein können. Ja, weise Entscheidungen kann fast jeder treffen, aber dass am Ende die Weisheit selbst einen Menschen ganz und gar formt, das scheint mir nicht möglich. Die Misere der Weisheit hat zu dialektischen Strategien geführt, mit denen man die Unmöglichkeit einsieht, diese Einsicht aber wiederum zum Zeichen der Weisheit macht: Ich weiß, dass ich nichts weiß, lautet der diesbezügliche Hauptsatz, und damit gewinnt man jeden Wettbewerb. Die Konkurrenz in dieser Disziplin hat allerdings Sokrates ein für alle Mal gewonnen. Preis für den Sieg: ein Recht auf den Satz, denn der Philosoph hat mit vielen gesprochen, die glaubten, sie wüssten Bescheid, wenigstens über das, worüber sie redeten. Sokrates verhalf ihnen zur Einsicht, dass sie nicht wussten, was sie zu wissen glaubten und eigentlich (manche auch ihrer gesellschaftlichen Funktion wegen) hätten wissen müssen. Er reihte sich an die Spitze, indem er für sich die Einsicht beanspruchte, im Unterschied zu den anderen wenigstens zu wissen, dass er nichts weiß. Wenn jedoch ein Journalist von heute, der zu seinem Glück ein Gymnasium besucht hat, verkündet, zu wissen, dass er nichts weiß, dann kann er sich den Spott dafür gleich abholen, denn dass so einer nichts weiß, das weiß ich auch.

Die Suchmaschine Google bietet in ihrem erforschlichen Ratschluss unter Weisheit fürs Erste an: Weisheiten, Weisheitszahn, Weisheitszahn Op, Weisheitszahn Schmerzen. Das unterläuft den Ernst der Frage, was denn »Weisheit« überhaupt sein soll. Weisheit ist für mich eine Art der erfolgreichen Selbsthygiene, einer unauffällig narzisstischen Pflegeleistung von Körper und Geist, ein Training, aufgrund von Disziplin, auf die der Weise niemals unelegant pocht, die einem Weisen aber dabei hilft, recht zu haben, und zwar nicht wie der Rechthaber in kleinen Dingen. Der weise Mensch hat recht in den großen Fragen. Alles Kleine verachtet er nicht, im Gegenteil, aber er stuft es größenmäßig richtig ein, bleibt daher nicht daran hängen, verstrickt sich nicht darin. Und alles Kleine hat der weise Mensch durch seine Antworten im Großen erleuchtet.

Der Möglichkeit nach kann jeder Mensch weise sein. Aber in der arbeitsteiligen Gesellschaft, wo jeder an einer anderen Ecke seinen Lebenskampf führt, gibt es spezifische Berufe, die dafür freigestellt sind, sich die Weisheit über die großen Fragen zu besorgen: Radiokolumnist, Journalist, Philosoph, führender Politiker, Pfarrer und last not least – in unserer Tradition, aber auch in der asiatischen – der Mönch. In bestimmten Orden hat der Mönch, was der Weise benötigt: ein Ritual, streng und ohne persönliche Ausnahmen, und vor allem hat er Stille. Es ist die klösterliche Stille, die Abgeschiedenheit in den Klostergängen und im Klostergarten, von der aus der weise Mönch sich durchaus ins rastlose Getriebe der Welt begeben kann, um dieser Welt uneitel als Weiser zu erscheinen.

Mein Favorit auf diesem Gebiet ist der Benediktiner-Mönch David Steindl-Rast, ein durchgeistigter Mann, den ich als schön bezeichnen möchte. Er ist schlank, genauer, asketisch, und aus seinem Lächeln kann man kindliche Naivität und Welterfahrenheit zugleich herauslesen. Das Haupthaar trägt er kurz wie ein Fremdenlegionär – und das ist er wohl auch in der irrwitzigen Gegenwart. Sein weißer Bart gibt ihm ein leicht spitzbübisches Ansehen. Aber der Benediktiner hat etwas, das den Weisen seit und je auszeichnet: Steindl-Rast ist alt, neunzig Jahre alt, und er zitiert den Filmemacher Ingmar Bergman: Das Alter, sagte Bergman, ist wie das Erklimmen eines Berges. Es wird immer beschwerlicher, und man sieht immer mehr. Das ist eine alte Einschätzung des Alters: Je älter man wird, desto mehr hat man hinter sich, und im Rückblick versteht man, falls man noch Luft kriegt, mehr davon, was los ist. Auf diese Weise gehen Alter und Weisheit zusammen. Sie gehen zusammen den Berg hinauf, aber weiß Gott, sie lassen viele ihres Alters zurück, die nicht mehr gehen können.

Vertrauen ins Leben legt der Mönch als den überkonfessionellen Urglauben der Menschheit aus, und wenn man fragt, wie man denn einer so gefährdeten Sache wie dem Leben vertrauen soll, antwortet er: Das sei eben das Leben, dass es das Vertrauen prüfe, und Lebensvertrauen zeige sich erst, wenn Schwieriges kommt, für das man Mut haben muss. Da gehe ich mit dem Weisen konform: Wann immer ich versuche, Konflikte verständlich zu machen, und man mich fragt, ob diese Konflikte nicht gefährlich seien, antworte ich automatisch mit Erich Kästner: »Das Leben ist immer lebensgefährlich.« Ein guter Satz, weil er die zugegeben nebulose Grenze von Fatalismus und Eingriffswillen beschreibt. Fatalismus würde die Kraft, die das Handeln der Menschen hat, behindern, ja ausschalten. Aber den Aktivismus totalisieren hieße, prinzipiell zu leugnen, dass man manchmal, oft genug, nichts machen kann.

Dass der Glaube in einem allen Religionsstreitigkeiten enthobenen Urglauben wurzelt, halte ich, misstrauisch wie ich bin, für geschickt argumentiert. So macht man nämlich einen Glauben plausibel, der als Konfession leicht ungläubiges Kopfschütteln auslösen kann. Zuständig ist ein *practical joke*, den ich lustlos erzähle: Dem kleinen Peter, einem Vorzugsschüler in der Klosterschule, zeigt man ein Eichkatzerl, das sich im Wald von Ast zu Ast schwingt. »Was ist denn das für ein Tier?«, fragt ihn die Klosterschwester. »Das«, sagt der kleine Peter, »ist ein Eichkatzerl, aber wie ich den Laden hier kenne, ist es sicher das kleine Jesuskind.«

Da ist es weiser, auch das Eichkatzerl als noch nicht konfessionell festgelegt einzustufen. Ich benütze hier ein Interview, das David Steindl-Rast einer Zeitung, den *Salzburger Nachrichten*, gegeben hat, die »ihn einen großen spirituellen Lehrer und religiösen Brückenbauer unserer Zeit« nennen. Das wäre eben die Weisheit, und dass die Religionen wieder der »Brücken« bedürfen, kommt nicht zuletzt von der Politisierung des Islam, der in einer Fraktion, die sich auf ihn beruft, die Weltherrschaft anstrebt, nicht unähnlich der Art, wie sie der Kinobesucher von den James-Bond-Filmen her kennt, die gut organisierte, nach der Weltherrschaft strebende Gewaltmenschen zeigen.

Ich glaube nicht, dass »das Spirituelle« gegen die politisierte Religion Abhilfe schaffen kann. Aber wenn auf Erden ein Aufklärungsprozess für religiös sich legitimierende Gewaltmenschen möglich wäre, dann könnte er nicht auf eine Einführung ins Metaphysische verzichten. Man muss (ihnen) die Frage nach »Leben und Tod« stellen. Wie sollen Menschen einem Leben vertrauen, das gewiss mit dem Tod endet? »Sind wir nicht schon tausend Tode gestorben«, erwidert Steindl-Rast, »aber dadurch immer wieder in ein neues Leben hineingeboren worden? In neue Richtungen, eine neue Tiefe, eine neue Reife. Weil wir das so oft erlebt haben, dürfen wir das auch auf den Tod des Leibes projizieren.«

Diese Idee kommt mir entgegen. Eines Tages war mir eingefallen, wer oder was »Gott« wirklich ist, und ich gab mir die bis jetzt unveröffentlichte Antwort: Gott ist, dass es immer weitergeht. Nach den fürchterlichsten Erfahrungen, nach den Grenzerfahrungen, die ein Ende suggerieren, geht es weiter, und »Gott« ist die Projektion dieses Verlaufs, der als »ewiges Leben« immer weiter und weiter gehen könnte.

Das war von mir religionskritisch gemeint, aber durch Steindl-Rast bekomme ich ein Gefühl dafür, was Religion, wie problematisch auch immer, im besten Sinne ist: Wir *dürfen* projizieren, wir *müssen* nicht die Wahrscheinlichkeit, dass es nicht weitergeht, für wahr halten, auch wenn der Tod keine Chimäre ist. »Unsere raum-zeitliche Dimension kommt zu einem Ende, das müssen wir ernst nehmen«, sagt Steindl-Rast immerhin. Aber leben wir in manchem nicht ohnedies von dieser Dimension befreit? Wenn wir einem Menschen nach zwanzig Jahren wieder begegnen, dann ist keine Zelle an ihm dieselbe, aber wir erkennen ihn sofort: »Man hat das traditionell Seele genannt. Das, was den Leib formt, über Raum und Zeit hinaus.«

Was sagt man Menschen, die aber glauben, mit dem Tod sei alles aus? Der Benediktiner sieht eine Verbindung zwischen Atheisten (oder Agnostikern) und religiösen Menschen: Es ist die Dankbarkeit, am Leben zu sein. »Dankbarkeit ist die Spiritualität, die nicht von der Religion abhängt.« Da ist es schon wieder, das Argument für das Überkonfessionelle, das selbstverständlich auch die Konfession in Schutz nimmt und indirekt verteidigt. Aber die Dankbarkeit ist in meinen Augen heikel, weil sie dort als eitles Gebot auftritt, wo Men-

schen ein Leben führen, für das kein Mensch dankbar sein kann. Wie viele sind es, die so undankbar leben?
Mit der Dankbarkeit fürs Leben ist außerdem die schlichte Unmittelbarkeit, am Leben zu sein, zu existieren, durch eine Distanz, in der die Dankbarkeit Platz hat, unterbrochen, um nicht zu sagen gebrochen. Umso interessanter ist es, dass Steindl-Rast genau diese Dankbarkeit mit der existenziellen Unmittelbarkeit verbinden möchte: »Dankbar heißt im Augenblick leben. Das macht Dankbarkeit zu einer spirituellen Praxis. Denn jede spirituelle Praxis will erreichen, dass du hinhorchst, welche Gelegenheit dir das Leben genau jetzt bietet. Du erweist dich dankbar, indem du diese Gelegenheit annimmst und etwas daraus machst.«
Hier ist wieder der andere Argumentationsstrang: Nichts ergibt sich nicht von selbst. *Du* (wer immer das ist) musst etwas daraus machen, wie Kinder, denen man ein Spielzeug bringt. Sie sagen nicht einfach danke und legen es weg. Die Kinder aus dem Repertoire des Benediktiners sagen nichts und spielen den ganzen Tag mit dem Spielzeug: »Dankbarkeit zeigt sich darin, dass ich aus dem Geschenk, das mir das Leben jetzt darbietet, etwas mache.«
Das Geschenk im Beispiel ist für die Argumentation des Mönchs nicht ohne Risiko. Es geht eben nicht darum, dass man nimmt, was man geschenkt kriegt. Es genügt nicht, sich in die Position der Geschenkannahme zu begeben. Dass Spiritualität (diese überhöhte Form des Idealismus) praktisch ist und nicht allein theoretisch-meditativ, bedeutet auch, nicht wissen zu können, wie's ausgehen wird. Praktisch sein im Augenblick heißt eventuell schon im nächsten Augenblick zu wissen, dass es falsch war. Mit dieser Art von Praxis nimmt man absichtlich eine Ungewissheit auf

sich, die Steindl-Rast als fundamental darstellt: »Wir kommen durch einen Engpass in die Welt. Aber wir gehen mit einem instinktiven Vertrauen hindurch. Genauso brauchen wir im Erwachsenenleben Mut, uns nicht gegen die Enge zu sträuben – und erleben so immer wieder eine neue Geburt. Die ist zugleich eine Übung für die letzte Angst, die Todesangst.«

Lebensvertrauen heißt nicht, dass man weiß, sichergehen zu können. Es heißt nur, genug Mut zu haben, um an der Ungewissheit und am sicheren Tod nicht zu verzweifeln: »Ich vertraue als Mensch vollkommen, dass der Tod eine neue Geburt ist. Wie, können wir uns absolut nicht vorstellen. So wie ein Embryo, wenn er denken könnte, sich nicht vorstellen könnte, was durch den Geburtskanal auf ihn zukommt.«

Ich weiß nicht, ob man den kulturell geprägten Naturvorgang einer Geburt auf diese Weise mit Sinn aufladen darf oder ob nicht umgekehrt jeder Sinn erst dann eine besondere, die Menschen unterstützende Kraft entwickelt, wenn er an einen solchen Naturvorgang zurückgebunden ist. Es ist das biblische »Fürchtet-euch-nicht«, von dem hier die Rede ist: »Wann immer die Enge kommt, wann immer du Angst hast«, sagt Steindl-Rast, »sträube dich nicht! Furcht sträubt sich und bleibt in der Angst stecken. Wenn du vertraust, gehst du durch.«

Es ist schwierig, denn (wie mir Menschen sagen, die sich von der Konfession, von der katholischen Kirche beschädigt fühlen) die Dankbarkeit begründet und bestärkt auch eine Abhängigkeit. Dankbarkeit macht von dem abhängig, dem man sie erweist. Dankbar kann man vor allem einer Existenz oder einer Institution sein, die mächtiger, größer ist als man selbst, und Ex-Gläubige haben von diesem Größenverhältnis genug. Das Leben sei »ein Geschenk Gottes«, diese Maxime können sie nicht mehr hören, nicht weil sie nicht daran glauben wollen, sondern wegen der Folgen der Unterwürfigkeit, die dieser Glaube im Rahmen der katholischen Erziehung hätte haben sollen.

Fraglich ist auch, ob die Metapher der Enge für das damit Gemeinte ausreicht. Wie ist es denn mit der Weite, mit der Angst, wenn sich alles ausweitet, wenn die verinnerlichten Grenzen draußen in der Welt verschwinden und alles übergroß geworden ist, sodass man darin untergeht? In dem Fall, in dem man keinen Weg mehr findet, kann man schwer sagen, *jetzt* wird's eng, denn alles wird mir zu weit.

Dennoch ist dieses »Wenn du vertraust, gehst du durch« ein Fundament menschenmöglicher Weisheit. Die Tyrannen aller Art sagen ja so gerne: »Das lass ich dir nicht durchgehen!«; und handelt nicht eine Parabel Kafkas, die sogenannte Türhüterparabel, von einer Selbstverhinderung, von einer selbstverschuldeten Unfähigkeit, einfach durchzugehen, am Türhüter vorbei, um zum Gesetz, also zu seinem Recht zu kommen?

Die Tür oder auch die Brücke – das sind doch Metaphern, unter Umständen von größten Dimensionen: Eintreten können, ausgeschlossen sein ... »Die Türen stehen einem offen«, heißt die Wendung. Aber manchmal bleibt eine Türe auch geschlossen. Kafka war als Jurist Versicherungsangestellter, und als Dichter war er wohl der berühmteste Gegner des Rechtsoptimismus, der einem weismachen will, dass das Recht jedem offenstünde: »Vor dem Gesetz«, heißt es in der besagten Parabel, »steht ein Türhüter. Zu diesem Türhüter kommt ein Mann vom Lande und bittet um Eintritt in das

Gesetz. Aber der Türhüter sagt, dass er ihm jetzt den Eintritt nicht gewähren könne. Der Mann überlegt und fragt dann, ob er also später werde eintreten dürfen. ›Es ist möglich‹, sagt der Türhüter, ›jetzt aber nicht.‹«

Mit dieser Zeitangabe, die den Eintritt in Aussicht stellt, ihn in die Zukunft verlegt, ist der Anfragende auf eine in ihrer Art seltsame, nämlich auf Passivität beruhende Tätigkeit verwiesen: auf das Warten. Ich besitze eine Postkarte mit dem Konterfei Karl Valentins und dem Spruch des mit Kafka geistesverwandten Komikers: »Zuerst«, heißt es da, »wartete ich langsam, dann immer schneller.« Da einem die Zeit davonläuft, muss man eben immer schneller warten. Und der Mann bei Kafka wartete und wartete, aber das kann ein Mensch ja nicht unbegrenzt, weil ihm der Tod immer näher und näher rückt.

Als Sterbender hatte der Mann in Kafkas Erzählung »Vor dem Gesetz« endlich die Idee, mit welcher Frage er draufkommen könnte, wie ihm hier mitgespielt wurde: »›Alle streben doch nach dem Gesetz‹, sagt der Mann, ›wieso kommt es, daß in den vielen Jahren niemand außer mir Einlaß verlangt hat?‹ Der Türhüter erkennt, daß der Mann schon am Ende ist, und, um sein vergehendes Gehör noch zu erreichen, brüllt er ihn an: ›Hier konnte niemand sonst Einlaß erhalten, denn dieser Eingang war nur für dich bestimmt. Ich gehe jetzt und schließe ihn.‹«

Der Mann hätte nur vertrauen und aus dem Vertrauen etwas machen müssen, nämlich einfach durchgehen. Das ist eine Parabel für vieles: Oft bleiben die Leute auf ihrer Besorgnis sitzen, sie grübeln, ob sie durchkommen. Dabei sollten sie bloß gehen, aber so einfach ist auch das nicht: Jeder müsste zuvor erkennen, welcher der für ihn bestimmte Eingang ist. In Zeiten, in denen auch zweitklassige Diskotheken einen Türsteher haben, ist beim Eingang immer Vorsicht geboten.

Hoffnung

Hoffnung ist eine außerordentliche Macht. Die Hoffnung hat Macht, und sie gibt Macht, »sie verleiht Macht«. Der hoffende Mensch hat mehr Macht als der mutlose. Die Hoffnung ist so stark, dass man sagt, sie würde zuletzt sterben. Wer hofft, rechnet damit, der Zukunft nicht ausgeliefert zu sein, sondern etwas von ihr im Griff zu haben. Seit jeher hat die Hoffnung Menschen bewegt zu handeln, weiterzumachen, es mit den Schwierigkeiten aufzunehmen, und erschienen sie auch noch so unüberwindlich.

Hoffen in einer bedrängten Situation (und kann nicht fast jede Situation bedrängend werden?) heißt: auf die Zukunft setzen, darauf, dass es einmal anders sein wird, anders als in der Gegenwart. Aber damit ist die Hoffnung zugleich ein Zeichen dafür, dass Genügsamkeit und Zufriedenheit, dass das Sich-Finden ins Gegebene nicht die einzige und vielleicht auch nicht die wesentliche Option der Menschen ist.

Man kann sagen, falls es nichts zu hoffen gäbe (und zwar deshalb weil es an nichts fehlte, weil alles umstandslos zu haben wäre), dass in diesem Fall aus den Menschen die für sie typische Spannkraft verschwunden wäre. Existieren wäre dann langweilig, eben kein Existieren. Auch die Theodizee, das Gedankenkonstrukt, dass wir in der besten aller Welten leben, arbeitet damit: Die beste aller Welten kann nicht die Welt der Erfüllung aller Wünsche sein. Alle Wünsche erfüllt, wie öde! Das Schlaraffenland macht nur dick, und selbst das Paradies (das man ja mit dem Schlaraffenland nicht verwechseln darf) ist kein Ort, an dem die Menschen bleiben. Sie sind,

was sie sind, erst dadurch, dass sie zwischen Gut und Böse unterscheiden müssen (sich entscheiden müssen).
Ich bin nicht sicher, ob diese Kritik an der paradiesischen Idylle vielleicht bloß einer Sicht der Dinge folgt, aus der man lobt und für unverzichtbar erklärt, was eben auch dann existieren würde, lobte man es gar nicht und nennte man es gar nicht unverzichtbar. Da lobt man es lieber gleich und deklariert es für unverzichtbar, und in Wirklichkeit wollen alle das Schlaraffenland. Die eingebürgerte Chronologie besagt, dass zuerst das Paradies existierte und darauf die Vertreibung folgte. Ich hege den Verdacht, dass die Vertreibung zuerst da war und dass danach von den Unglücklichen, von den durch die Mühseligkeiten des Lebens Geplagten das Paradies erfunden wurde samt der Vertreibung, denn wer ist man denn, dass man nichts haben soll als dieses Jammertal? Wenigstens aus dem Glück vertrieben, hinausgeworfen in einem großen Drama, das entspricht mehr dem Selbstbewusstsein, dass sich in den Lebenskämpfen formiert.
Systematisch ausgearbeitet und schriftlich festgehalten wird die Hoffnung zur Utopie. Utopische Züge, Partikel reflektierter Hoffnung können aber auch im Alltagsleben ganzer Kollektive kursieren, im Umlauf sein. Kluge, ja, schlaue Macht versucht immer, sich als Einlösung von Utopien zu präsentieren. Propaganda und Werbung: Es gibt kaum etwas, das mehr idyllisch wäre als zum Beispiel die Werbung. Sie ist wie die Propaganda ans hoffende Publikum gerichtet. Sie versucht die richtigen Hoffnungen zu wecken und die ihr gefährlich erscheinenden der Aufmerksamkeit zu entziehen. Aber die Grundmaxime lautet, dass alles, was es zu hoffen gibt, ohnehin schon existiert. Man muss es nur noch glauben und/oder kaufen.

Unter Menschen wird es immer eine Gruppe geben, manchmal sogar eine Menge von Menschen, die über den Status quo, über den bestehenden Zustand hinauswollen. Dieser Wille kann revolutionär sein, also von der Hoffnung getragen, die bestehenden Gegebenheiten ließen sich vernichten und auf dem Misthaufen der Geschichte entsorgen. Dieser Wille, das Bestehende zu überwinden, kann aber auch evolutionär sein, also von der Hoffnung getragen, man könne gewaltfrei aus den Gegebenheiten noch etwas machen und das, was an den Gegebenheiten gut ist, in die bessere Zukunft investieren.

Unwahrscheinlich, dass alles am Willen liegt. »Man muss nur wollen!« ist einer dieser Pfeifen-im-Walde-Sprüche, die ängstlich gegen Furcht und Aussichtslosigkeit aufgeboten werden. Aus der Geschichte kennt man den Zwang, dass nämlich nichts anderes übrigblieb, als alles auf die Karte der Hoffnung zu setzen, weil eine Gegenwart unerträglich geworden ist und weil man es in einem bestimmten Zeitraum nicht mehr aushält. In dem Fall ist die Hoffnung das Einzige, das man hat.

Hoffnungslosigkeit und stumpfsinniges Erdulden werden als Zeichen der Verlorenheit, der Aussichtslosigkeit und der unbegrenzten Hinnahmebereitschaft genommen. Oft genug sind diese Zeichen aber auch Vorboten für das Abschütteln des Jochs und für die Befreiung gewesen. Bei Menschen weiß man nie so recht ... Man weiß zum Beispiel nie genau, wann die Unterwürfigkeit in eine Revolte umschlägt.

Des Menschen Wille ist sein Himmelreich. Der Satz stammt aus dem 18. Jahrhundert, und er wurde zu einem der Sprüche, mit denen Menschen sich und einander aufmuntern. Das Problematische am Willens-Himmelreich ist schnell erkannt: Was die Leute so wollen, ist oft idiosynkratisch, also eine lächerliche Eigenheit. Sie bilden sich etwas ein, das sie unbedingt haben müssen. Ach, oft will ich etwas, was nicht einmal für mich selber gut ist. Es gehört zum Vernünftigsein, dass der Wille mit der Welt kooperiert, von der man etwas will. Weltfremder Wille ist eine der Ursachen von Gewalt: So ein Wille muss sich die Wirklichkeit zuerst zurechtmachen, koste es, was es wolle, eben auch mit Gewalt.

Opportunismus, das andere Extrem, ist erst dann wirksam, wenn man sich darauf gedrillt hat, ausschließlich zu wünschen, was man unter den herrschenden Bedingungen kriegen kann. Der Opportunist passt sich an die Bedingungen so an, dass er niemandem und nichts im Wege steht, in der Hoffnung, dass ihm dann nichts und niemand im Weg steht. In der moralischen Rhetorik wird der Opportunismus verachtet, in der Lebenspraxis ist er das Übliche, das am meisten Ausgeübte. Kein Einzelner, sieht man von einem Diktator ab, hat die Macht, sich nicht hin und wieder opportunistisch verhalten zu müssen.

Man kann jedoch – gegen den Anpassungszwang – auch etwas wünschen, was die herrschenden Bedingungen nicht hergeben: *noch* nicht hergeben. Man muss es ihnen abringen, und wenn das gelingt, kann man sagen, man hat richtig gehofft, das heißt: Das Gewünschte und das Erhoffte waren in der Wirklichkeit als Möglichkeit enthalten (gewesen). Deshalb ist es gut, wenn man – bei allem Realismus – einen Möglichkeitssinn hat: einen Sinn für die Möglichkeiten. Der unmögliche Traum, von dessen Erfüllung im Bestehenden nichts steckt, ist bloße Illusion, schlechte Romantik.

Es gibt, sagt der Philosoph Immanuel Kant, drei Fragen, deren Antworten eine vierte Frage, die Frage der Fragen, beantworten könnte. Diese vierte Frage lautet: »Was ist der Mensch?« Und die drei Fragen, die in diese eine fundamentale Frage, »Was ist der Mensch?«, münden, lauten: Erstens: »Was kann ich wissen?« – Zweitens: »Was soll ich tun?« Und drittens: »Was darf ich hoffen?« Das eine hat also mit dem Können zu tun: das Wissen. Das andere hat mit dem Sollen zu tun: das Handeln, und schließlich hat das Hoffen mit dem Dürfen zu tun. Kant war sich auf skeptische Art nicht unsicher, dass es doch Antworten auf diese Fragen gibt. Für ihn sind auch die Institutionen klar, in deren Obhut die Antworten fallen: Was man wissen kann, sagt die Metaphysik, was man tun soll, die Moral, und was man hoffen darf – das sagt einem nach Kant die Religion.

Aber gesetzt den Fall, es ist nicht unbedingt die Religion allein, die hier etwas zu sagen hat. Dann bleibt für mich das Dürfen in Kraft: Man muss, will einem auch nur irgendwas vom Leben glücken, eine Ahnung davon haben, eine Antizipation davon, was man erwarten *darf*. Ja, man darf in seinen Erwartungen übers Ziel hinausschießen, aber es wäre gut, hätte man verinnerlicht, wo die Grenze des Überschreitens liegt. Wo ist meine Grenze? Selbst wenn ich eines Tages aus dem Grenzenlosen zurückblicken könnte, wäre es gut zu wissen, was die Grenze war. Es gilt, folgt man dem Philosophen Hans Blumenberg, für die menschliche Gattung, dass man sie auch daran erkennt, was genau es denn war, was in den jeweiligen Zeiträumen erwartet wurde. Das gilt auch für den einzelnen Menschen. Seine Selbsterkenntnis im Rückblick beruht nicht zuletzt auf der Einsicht, was es denn war, das er sich erwartet hatte.

Manchmal hat man gar keine Hoffnung. Manchmal hat man – realistischerweise – besser keine Hoffnung. Manchmal macht man sich bloß Hoffnungen: die Hoffnung – unter Umständen ein Machwerk. Andererseits können einem Hoffnungen gemacht werden – aus guten Gründen: Man bekommt gesagt, die Lage ist nicht hoffnungslos, verzweifle doch nicht! Diese Aufforderung resultiert aus der Meinung, dass Hoffen gut tut. Der Philosoph Immanuel Kant ist für vieles berühmt, auch für einen erweiterten, von Voltaire übernommenen Sinnspruch. Der Himmel, sagt Kant, hat den Menschen »als Gegengewicht zu den vielen Mühseligkeiten des Lebens« dreierlei gegeben: die Hoffnung, den Schlaf und das Lachen. Das Lachen hat Kant dem Voltaire hinzugefügt, der es mit der Hoffnung und dem Schlaf genug sein ließ.

Zum anderen ist man durch Hoffnungen manipulierbar, lenkbar, und es gibt immer Leute, die einem Hoffnungen machen, um einen in die Richtung zu lenken, die ihnen passt. Es soll zum Beispiel Finanzberater gegeben haben, die einem das Blaue vom Himmel versprechen. »Das Blaue vom Himmel« ist ein glänzender Ausdruck für den Gegenstand illusionärer Hoffnung. Solche sogenannten Berater arbeiten mit der Illusionsbereitschaft der Kunden, die von der Gier gesteuert ist. Sie erwecken Hoffnungen. Den Gierigen kann man leichter etwas einreden, sie kommen den falschen Versprechungen eilig und freiwillig entgegen. Die Hoffnung macht sie gefügig.

Was man erhofft, von dem will man auch glauben, dass man es kriegt. Die Verwechslung von Wunsch und Wirklichkeit ist darin angelegt, und der Zusammenhang von Hoffnung und Glaube wird erkennbar. Ich hoffe, indem ich glaube, dass die Hoffnungen in Erfüllung gehen. Das nicht zu glauben, heißt nicht wirklich oder nicht richtig hoffen.

Die Hoffnung ist also eine außerordentliche Macht, auch in den gesellschaftlichen Verhältnissen. Sie ist (wie die Angst) ein Rohstoff, aus dem Politik gemacht werden kann. Die Hoffnung hat ebenso mächtige, auf Hoffnung bezogene Gegenkräfte, nämlich die Verzweiflung und die Enttäuschung. Sofern Rationalität überhaupt menschenmöglich ist, ist der Zweifel etwas Rationales, etwas Vernünftiges. Irren ist ja menschlich, im Irrtum kann man immer sein – wer zweifelt, prüft es nach, und nachgeprüft sollte immer werden, selbst wenn der Zweifel auch willkommenen starken Emotionen etwas von ihrer Intensität nimmt. Verzweifeln mag rationale Züge, gute Gründe haben, aber im Wesentlichen ist die Verzweiflung eine Emotion von großer Macht. Die oder der Verzweifelte ist sich sicher, dass es nichts mehr zu zweifeln gibt: Alles ist nichtig.

Die Enttäuschung ist ein Schritt von der Hoffnung weg, hin zur Verzweiflung. So wie die Fähigkeit, sich zu fürchten, eine nicht selten notwendige Mahnung zur Vorsicht enthält (ohne Vorsicht wäre man oft unnötig gefährdet), so ist die Enttäuschung auch eine Befreiung von einer Täuschung. Persönliche Stärke ist dafür nötig, Enttäuschungen erstens auszuhalten und dann zweitens aus ihnen etwas Gutes (oder wenigstens Brauchbares) zu machen. Es gibt einen technizistischen Ausdruck dafür: Frustration heißt auf Deutsch Erwartungsenttäuschung, und die Fähigkeit, solche Enttäuschungen zu ertragen, heißt Frustrationstoleranz.

Die Wechselwirkung von Hoffnung und Enttäuschung ist unabdingbar. Man kann sie nicht ausschalten, denn selbst wenn eine Hoffnung in Erfüllung geht, ist die Hoffnung nichts, mit dem man von vornherein sichergehen kann. Sie enthält immer die Ungewissheit des Ausgangs: Sie ist ein ris-

kantes Verhalten. Auf etwas hoffen, das mit Sicherheit eintritt, ist nicht hoffen. Das ist das spielerische Moment der Hoffnung, das – im Horizont von Hoffnung und Enttäuschung – bitter ernst werden kann: Einige der aus Kriegsgebieten geflohenen Menschen werden sicher diejenigen enttäuschen, die ihnen hier enthusiastisch geholfen haben. Die Anerkennung als Flüchtling, so hat es ein Politologe gesagt, ist die Anerkennung eines sehr hohen Status, dem nicht alle Einzelnen entsprechen werden. Dies und die dafür bezeichnenden Fakten – zum Beispiel aus sozialpädagogischen Gründen – zu verschweigen (oder schönfärberisch zu verschleiern) ist ein Wahnsinn, der sich von der Magie nährt, Fakten, die man nicht ausspricht, würden nicht existieren. Die Absicht, Rechtspopulisten und Rassisten in der Bandbreite ihrer Xenophobie nicht zu bestätigen (»man will keine Ressentiments bedienen«), verkehrt sich ins Gegenteil: Das Verschweigen wird in die Strategie eingebaut und als Beweis dafür eingesetzt, wie recht der Rassismus doch immer hat.
Aber auch umgekehrt wird es unter den Geflohenen, die voller Hoffnung gekommen sind, einige geben, die von Europa enttäuscht sein werden. Damit müssen die Einzelnen, wie man sagt, fertigwerden, und zugleich ist es die Politik, die als Institution Regeln finden muss, durch die das Konfliktpotenzial aus der Enttäuschungsanfälligkeit nicht destruktiv, nicht zerstörerisch werden kann.
Es hilft nichts: Hoffnungslose Fälle gibt es. Mag sein, dass man hin und wieder leichtfertig (vorschnell oder sogar irrtümlich) etwas hoffnungslos nennt. Aber es gibt hoffnungslose Fälle, nicht nur, aber besonders schwerwiegend, in der Medizin. Auch beim Kindererziehen: Manche lernen's nie, und selbst wenn das auch eine Pädagogen-Ausrede sein kann,

es kommt vor, dass man aus Realitätssinn alle Hoffnung sein lassen muss.

Es gibt Grenzen, die sich nicht überschreiten lassen, und an solchen Grenzen ist die Hoffnung kein Hoffnungsträger, sondern im Gegenteil, sie kann ganz und gar ins Negative umschlagen: Gewissen (oder auch nur Bewusstsein) macht Feige aus uns allen. Sagt Shakespeare. Die Hoffnung aber macht uns unter Umständen zu Helden: Aus lauter Hoffnung ertragen wir die unerträglichsten Lasten, wir nehmen die größten Leiden oder Schmerzen hin, in der Hoffnung, sie würden einmal noch vergehen.

Der Tod ist eine der Grenzen, und er ist doch eine besondere: Er ist eine Art Zusammenfassung aller Grenzen, die dem endlichen Menschen gesetzt sind. Es ist die Religion, also ein Bezug auf das Transzendente, die angesichts dieses Endes noch Hoffnung macht: Hoffnung auf ein Weiterleben nach dem Tod. Und es ist der Glaube, dass es nicht nur die Zeit gibt, sondern, ob Himmel oder Hölle, auch die Ewigkeit, die auf jeden Menschen wartet.

Als ein braver Mann, der auch ein Macher, ein Manager war, starb, stellte sich die Frage: War er denn religiös? Der Name des Mannes tut nichts zur Sache, die Antwort aber schon, die ein zumindest ebenso braver Mann gab. Sie lautet: »Er war gläubig in unaufgeregter Art des Suchens und Hoffens.«

Die Kirche im Dorf

Die meisten Leute, die die Menschheit beobachten und die ihr nicht schmeicheln wollen, gefallen sich darin, die begangenen Dummheiten aufzuzählen. Der plausible Nachweis solcher Dummheiten unterschlägt die vielleicht nicht allzu vielen, aber doch charakteristischen Maßnahmen, deren Klugheit beispielhaft sein sollte. Dazu zähle ich eine unauffällige, jedoch sehr folgenreiche Gegebenheit auf den meisten Dorfplätzen: Das Wirtshaus steht neben der Kirche, die Kirche neben dem Wirtshaus.

Politisch korrekt ist diese Nähe ja nicht, aber sie ist, was Menschen betrifft, realistisch. Menschen sind Wesen, die Durst haben und Hunger (und Rituale, beides zu stillen). Zugleich haben sie, wenn schon nicht einen Drang nach Höherem, so doch die von der Tradition geförderte Möglichkeit, an ein höheres, übersinnliches Wesen zu glauben (das ihnen auch die Mahlzeiten segnen soll).

Menschen sind auf merkwürdige Weise gespalten: einerseits in etwas, das man Natur nennen könnte. Geist könnte man das andere nennen. Das ist natürlich eine plumpe Unterscheidung, aber sie hat den Vorteil, dass sie dramatische Darstellungen davon ermöglicht, wie der Mensch eine Einheit zweier Elemente bildet, die nie ganz zueinander kommen können, ohne dass sie jemals voneinander lassen: Der Mensch ruht nicht in seiner Natur, die Instinkte geben ihm keine Sicherheit. Das weiß jeder, der sich zum Beispiel in einem moralischen Dilemma befand. Wie stark die Glaubensgewissheit auch sein mag, ist der Mensch mit seiner

Begabung fürs Höhere noch lange kein von seiner Sinnenhaftigkeit erlöstes Geistwesen. Aber die Vorstellung hat es gegeben, dass der Mensch erst im Tod, wenn der Körper mit seinen Ansprüchen ausgespielt hat, die Wahrheit in Reinkultur erblickt.

Man kann mit unserer Gattung, mit den Menschen, Mitleid haben: Jeder Einzelne von uns hat, ob er nun am Ende glaubt oder nicht, genug Einsicht in die Transzendenz, um unter Umständen mit dem irdischen Leben unzufrieden zu sein. Jeder Einzelne hat die Möglichkeit, im sinnlichen Glück aufzugehen – aber siehe da, gerade dieses Glück ist vergänglich. Existieren ist ein Balancesystem, in dem nicht alle die Balance halten können. Manche fallen aus dem Rahmen, ihnen sollte unsere Sympathie gelten, auch weil sie die Schwierigkeit verkörpern, die Balance für immer zu halten. Und eine Architektur, eine Raumordnung, in der die Kirche neben dem Wirtshaus steht, nimmt es mit den Anforderungen dieses problematischen Balancesystems auf: In der Kirche zollt man dankbar Tribut, dass man Geschöpf eines höheren Wesens ist, also von Ihm auch inspiriert wurde.

Im Wirtshaus wird der Geist zum Gast. Der Gast dient seiner Verdauung und, falls er dem Alkohol im Übermaß zuspricht, auch einer innerzeitlichen Bewusstseinsveränderung, dem Rausch. Der Rausch ist ein durch irdische Substanzen ermöglichtes Jenseits. Dabei kann – auch und gerade nach dem Besuch der Kirche – viel Rohes am Menschen zum Vorschein kommen. Die Wirtshausraufereien sind Legende, und sie sind doch nur ein Ritual, in dem man den Druck des Daseins mehr oder weniger routiniert auslebt. Im Wirtshaus herrscht der Wirbel, in der Kirche die Andacht. Die Klugheit der Kirche besteht nun darin, dass sie nicht wie jeder beliebige Idealist das Höchste abgelöst vom Lebensrest zelebriert. In der Kommunion ist es das Brechen des Brotes, wodurch die Gläubigen ihre gottgewollte Gemeinschaft bilden: »Ist das Brot, das wir brechen, nicht Teilhabe am Leib Christi? Ein Brot ist es. Darum sind wir viele ein Leib: denn wir alle haben teil an dem einen Brot.« (1. Kor 10, 16b–17)

Das Spirituelle ist rückgebunden an ein Grundnahrungsmittel. Im Wirtshaus, wo der Schweinsbraten serviert wird, geht es tierischer zu. Aber wie die Kirche konstituiert auch das Wirtshaus eine Gemeinschaft; es sind zwei separate, jedoch einander ergänzende Formen von Öffentlichkeit: In der Kirche geht es um Verinnerlichung als Gemeinschaftserlebnis, im Gasthaus, sieht man vom stillen Trinker ab, geht es um Entäußerung unter Leuten. Das eine befreit von den Einseitigkeiten des anderen, und auch wenn sich die Diskrepanz von Kirche und Wirtshaus niemals ganz harmonisieren lässt, sind die Annäherungen in einer dörflichen Gesellschaft unverzichtbar. Der Rest an Disharmonie, der sich nicht kompensieren lässt und der daher jedem erhalten bleibt, ist eines der Merkmale des Menschen als eines »nicht festgestellten Tiers«.

Kirche und Wirtshaus erzählen in ihrem Nebeneinander noch eine andere Geschichte: die Geschichte von der Wichtigkeit des Sonntags. Schwer arbeitende Menschen sind eben nicht nur psychisch, sondern auch physisch auf die Arbeitspause angewiesen. Auch in diesem Sinne ist der Sonntag heilig. Überhaupt ist die komplizierte Wechselwirkung von Festtag und Alltag eines der Fundamente der Humanisierung des Lebens. Dass es der Sonntag ist, an dem der Kirchenbesuch und danach der Gang ins Wirtshaus erfolgt, hebt beide aus dem Alltag heraus. Als Städter, der achtlos zu allen

Zeiten überall, wo er darf (oder auch nicht), hineingeht, hat man den Sinn dafür verloren: den Sinn für das Außergewöhnliche des sonntäglichen Ernstes und des sonntäglichen Vergnügens.
Aber es gibt noch weltliche Plätze, denen das Geistliche innewohnt. Sitze ich zum Beispiel beim Mayer am Pfarrplatz, am Nußberg draußen, kann ich trotz des Betriebes – die Teller klappern, die Leute sind laut – eine gemilderte unpathetische Feierlichkeit erleben. Sie ist mit dem Wein verbunden. Wein wird ja auch in der Eucharistie hoch gehalten. Das Patriarchalische, dass die Frauen zwar in der Kirche mit dabei sind, im Wirtshaus aber nicht mehr, weil sie zuhause das Sonntagessen kochen, hat sich überlebt und war beim Heurigen seltener der Fall. Was ich als Trennung und Gemeinsamkeit von Kirche und Wirtshaus zu rekonstruieren versuchte, ist etwas Ur- und Idealtypisches. Es ist in der Moderne nicht verschwunden, aber es existiert nur noch zerstreut. Will man es wiederfinden, muss man auch sich selber »sammeln«.

Attnang

In der Tasche hatte ich das Ticket nach Wels.
Hin und her. Tour retour.
Aber wie hätte ich wissen können,
dass mich das Leben nach Attnang verschlug?

So stand ich in Attnang-Puchheim
am Fahrkartenschalter
und löste ein Ticket
mit Vorteilscard.
Attnang-Puchheim–Wels / Gleis 2.
Und dann traute ich meinen Augen nicht.

Am Gleis 2, eine Viertelstunde
vor dem 17-Uhr Zug nach Wien
hielt der Railjet aus Zürich
in Attnang-Puchheim,
in Attnang-Puchheim.

Der Mann am Fahrkartenschalter,
als er meine Vorteilscard überprüfte,
hatte etwas von einer Rettungsaktion gesagt:
Einer raus aus dem Zug
zum Retten,
einer in den Zug rein,
damit er eine halbe Stunde früher
mit seiner Vorteilscard
in Wien anlangt.

Von Attnang-Puchheim,
von Attnang-Puchheim.
»Willkommen in Attnang-Pucheim,
Sie befinden sich auf Bahnsteig 2.«

Ich rannte an die Zugspitze
und stolperte dabei
über eine künstlerische Installation,
ein Monument des »Festivals der Regionen«,
das natürlich nur ein Thema haben kann,
nämlich: Attnang-Puchheim, Attnang-Puchheim.

Die Kunst hinderte mich
in meinem Lauf.
Mit meinem Schicksal einverstanden,
(amor fati) dachte ich außer Atem,
gute Kunst steht entweder im Weg
oder sie ist ein Wegbereiter.
In Attnang-Puchheim stand sie mir im Weg,
und ob sie gut war, konnte ich –
in der Schnelligkeit – nicht erkennen.

»Das ist aber Premiumclass«,
sagte der Zugbegleiter
mit einer Fistelstimme
in Attnang-Puchheim,
in Attnang-Puchheim,
und ich von der Atemlosigkeit
ebenso hochgestimmt:
»Na, da zahle ich doch drauf.«

Er ließ sich die Vorteilscard zeigen
in Attnang-Puchheim
und plauderte vom Schicksal:
»Der Mann im Zug hatte Herzstechen.
Er musste raus – in Attnang-Puchheim.«

»Ja«, sagte ich, »bei Herzstechen
bleibt jeder Zug auf der Welt stehen,
auch in Attnang-Puchheim
sogar in Attnang-Puchheim.
Da fährt die Eisenbahn drüber.«

Er drückte mir die Vorteilscard
in die Hand, in die Hand,
und der Zug fuhr raus
aus Attnang-Puchheim,
aus Attnang-Puchheim.

Er studierte mein Ticket Wels–Wien.
»Wir bleiben nicht einmal in Wels stehen
und in Attnang-Puchheim schon gar nicht,
in Attnang-Puchheim schon gar nicht«,
murmelte er.

Schon gut, dachte ich.
Das nimmt mir keiner mehr.
Zu Tausenden steigen sie um
in Attnang-Puchheim,
in Attnang-Puchheim.
Und ich, ich steig ein
in Attnang-Puchheim,

in Attnang-Puchheim,
mit Herzklopfen steig ich
in den Railjet,
der nicht einmal in Wels hält
und in Attnang-Puchheim NIE.

Postscriptum I

Was ist das?
Ist das ein Gerinnsel
        im Hades
das in den Styx mündet
Ist das der unterirdische Gang
        der Übergang zum Untergang
der die Toten von den Lebenden
ohne Rücksicht trennt

Nein, es ist die Unterführung
das feine Geäder
von Bahnsteig zu Bahnsteig
in Attnang-Puchheim,
in Attnang-Puchheim

Aus der Tiefe
tritt der Reisende hervor
eilig oder nicht eilig

Der Bequeme
wünscht den Aufzug
        die Rolltreppe

der Notdürftige wünscht ein Klo
Der Tugendhafte
besteht klaglos
        die Prüfung
unter der Erde
unter der Erde
von Attnang-Puchheim,
von Attnang-Puchheim.

Postscriptum II

Das alles war einmal
einst in der großen Zeit
von Attnang-Puchheim,
von Attnang-Puchheim.
Heute steht ein Bahnhof dort
geschniegelt nach der derzeitigen
Bundesbahnästhetik
(siehe den Hauptbahnhof zu Wien,
das Bermudadreieck vom zehnten Bezirk,
in dem Touristen und Einheimische
gemeinsam verschwinden
auf no return. Keine Wiederkehr
und schon gar keine Wiederkehr
in Attnang-Puchheim,
in Attnang-Puchheim,
dem Bahnhof mit den zwei Wartesälen,
den Toiletten für fünfzig Cent Eintritt
und den Aufzügen hinauf und hinunter,
die mit den Rolltreppen konkurrieren).

Bei Sinnen

Jean-Jacques Rousseau ist gut zu verstehen. Es war vor allem er, der die Vorstellung in die Welt gebracht und durchdacht hat, dass es hinter (oder vor) der Verlogenheit und der Verdorbenheit der offiziellen Welt, also der Gesellschaft, noch eine andere, eine sogenannte wahre Welt gibt oder wenigstens gab. Der reine Sinn könne sich nicht täuschen – gemeint aber ist eben nicht Sinn im abstrakten Sinn, sondern die unverdorbene Sinnenhaftigkeit, die uns unter anderem die ewigen Stunden der wahren Empfindungen beschert: das Natürliche.

Und tatsächlich, Rousseau spricht auch von der »Wahrheit der Sinne«, und in seiner Rousseau-Monographie fügt Jean Starobinski ein mit dieser Wahrheit übereinstimmendes Zitat des Philosophen Étienne Bonnot de Condillac hinzu. Nach Condillac beginne das Irren erst in dem Moment, in dem wir über die Sinnesdaten urteilen. »Weder Irrtum noch Dunkelheit oder Verwirrung«, urteilt Condillac, »gibt es in dem, was in uns geschieht, und auch nicht in der Beziehung, in die wir es mit der Außenwelt setzen ... Der Irrtum tritt erst auf, sobald wir urteilen.«

Starobinski beendet diese Passage mit seinem Aphorismus: »Die Empfindung hat immer recht, nur weiß sie nicht, dass sie recht hat.« Die Empfindung ist also unschuldig, und man kann schwer leugnen, dass eine Sehnsucht nach Unschuld in der phantastisch schuldhaften Geschichte der Menschheit plausibel ist. Der Preis der Unschuld ist aber: Nicht-Wissen, auch von der Unschuld nichts wissen.

Rousseau spinnt, er irrlichtert geistig, das wissen wir, und die Spinnerei ist eine seiner großen Qualitäten. Reflektierend hasst er die Reflexion. Selbstverständlich widerspricht er sich und selbstverständlich auch in entscheidenden Positionen. Starobinski fügt in einer Anmerkung hinzu, dass sein Held Rousseau ja nicht immer die Wahrheit der Empfindungen verkündete. Wenn er »platonisierte«, war ihm auch das Gegenteil recht, und er diskreditierte die Sinne als Mächte des Irrtums. »Es sind, wenn man will«, hat Rousseau über die Sinne gesagt, »fünf Fenster, durch die unsere Seele sich Licht zu schaffen sucht; doch die Fenster sind klein, die Scheiben trübe, die Mauer ist dick, und das Haus schlecht beleuchtet.«

Ein Denker wie Rousseau rotiert gedanklich in Widersprüchen und erlebt sie manchmal schmerzlich. Er ist beispielhaft, und deshalb kann man die Widersprüche leichter nachempfinden und wiedergeben. Wenn sie in der Sache liegen, wie die Diskrepanz von der Souveränität der Sinne und ihrer Relativierung, dann erleichtern sie die sachdienliche Darstellung.

Der naturverlassene Mensch, der grübelnde Mensch, so Rousseau wörtlich, sei ein »entartetes Tier«. Aber halt, im Prinzip ist Rousseaus Vorstellung von einer Natur, die nicht nur an Lebenskraft, sondern auch an Wahrhaftigkeit der Zivilisation überlegen bleibt, eine Leihgabe der Religion: Adam und Eva und das Paradies. Mit dem Paradies, mit den unschuldigen Sinnen hört es sich in dem Moment auf, in dem vom Baum der Erkenntnis gegessen wird, und was immer diese ersten beiden Menschen auch ihrem Herrgott für einen Baum aufgestellt haben, es ist am Ende die betrachtende Vernunft, die Reflexion, die die Selbstverständlichkeit

und eben die Sinnlichkeit ihrer gerade noch paradiesischen Existenz ein für alle Mal stört beziehungsweise zerstört.
»Er nennt's Vernunft und braucht's allein, / Nur tierischer als jedes Tier zu sein.« So denkt Mephisto, ein Teufel: Die Vernunft macht den Menschen, diesen kleinen Gott, zu einem perversen Tier. Dass die Vernunft ein Störfaktor ist, ist bis heute eine Lehre, die sich auf vieles erstreckt. Und bis heute ist die Vorstellung einer hundertprozentig intakten Sinnlichkeit, die im Grunde den Begriffen überlegen ist, nicht eben selten. Darüber braucht man sich keineswegs zu wundern, denn trotz starker empirischer Traditionen in der Wissenschaft, haben Wissenschaft und Technik durch ihre großartigen Abstraktionen, zum Beispiel der Mathematik, den, wie man sagt, Siegeszug angetreten, und vieles in diesem Zug der Entsinnlichung lässt sich nicht konkretisieren, nicht mehr auf Sinneseindrücke zurückführen. Es ist so vieles auf der Welt wirklich, so vieles existiert tatsächlich, ohne dass es auch nur im Geringsten anschaulich wäre. Man sieht nicht alles, spürt nicht alles, was ist.
Der Mathematiker Rudolf Taschner hat die Schuldigen der letzten und seit 2007 anhaltenden Krise in der Finanzwelt benannt: mathematisch versierte Schurken. Und man versucht Andeutungen eines Aufstandes gegen die Abstraktion, wenn man sagt, die Finanzwirtschaft bedarf zu ihrer Deckung der Realwirtschaft – aber die Realwirtschaft, das sagt man nicht, ist im Grunde ja auch bloß ein geringerer Grad an Abstraktion und keineswegs das Reale, das Konkrete, das Sinnenfällige, das Menschen sich zu wünschen nicht aufhören. Dass das Leben immer abstrakter wird, dass unsere wahre Psychologie und Soziologie die Statistik ist, dass kein schöner König auf seinem Thron die Macht hat (wonach der Boulevard so

giert), sondern dass das Geld regiert (und damit auch der Boulevard), dagegen haben Heerscharen von mehr oder weniger esoterischen Philosophen ebenso ausreichend wie erfolglos protestiert.

Es liegt da aber auch ein Problem vor! Das Problem zeigt sich nicht nur von der einen Seite her. Der Konkretionismus, der so plausibel erscheint, also diese verständliche Sehnsucht nach einer sinnlich überschaubaren Welt, ist unter komplizierten Lebensbedingungen manchmal nichts als eine Falle. Als Schüler hat mich immer ein Gefühl der Peinlichkeit ergriffen, wenn mathematische Aufgaben so formuliert waren, dass man sich etwas Sinnliches darunter vorstellen sollte. Da gibt es grausame Beispiele einer Pädagogenprosa, die durch allerlei Anschaulichkeiten dem Schüler zu helfen wähnt, und die Beispiele, die der Pädagoge formuliert, heißen gerne praktische Beispiele. Das klingt dann – in meiner Parodie – so: Ein Hotelbesitzer besitzt einen Swimmingpool. Wenn dieser gefüllt ist, enthält er so und so viele Kubikmeter Wasser. Es gibt drei Zuflussrohre. In dem ersten Zuflussrohr schießt das Wasser mit einer Geschwindigkeit von ... Ja, gut! Ist diese Anschaulichkeit, mit der ein Hotelbesitzer hier herhalten muss, nicht von einer peinlichen Überflüssigkeit?

Der gute Pädagogenwille ist natürlich kein Problem. Er ist vielleicht lästig. Aber er ist ein Beispiel für den nervösen Versuch, Denkbares in Wahrnehmbares umzumünzen. Und in einem anderen Rahmen ist genau dies eine der Definitionen von Ideologie, also von »falschem Bewusstsein«. Die Übersetzung nämlich von abstrakten Theoremen in die konkrete Lebenswelt gelingt selten reibungslos und ohne Verluste an Stimmigkeit. In der Abstraktion kann man zum Beispiel die These aufstellen, man kenne jetzt die Bewegungsgesetze der

Geschichte, und wenn man so etwas kennt wie die Bewegungsgesetze der Geschichte, ist es nicht nur naheliegend, sondern verpflichtend, sich dieser Kenntnis entsprechend zu verhalten und die anderen dazu anzuhalten, vom durchschauten Gesetz nicht abzuweichen.

Ich bewege mich hier auf rutschigem Gebiet, aber es bleibt mir nichts anderes übrig, denn ich will folgende Behauptung aufstellen: Man kann, wenn man's kann, wissenschaftlich denken. Aber was man nicht kann, auch wenn man so denkt, ist einwandfrei wissenschaftlich leben. Das liegt daran, dass der Sinn, und sei er auch noch so gründlich ermittelt, in die wahrnehmbare Welt sich nicht übersetzen lässt, ohne dass er – unter Umständen sogar entscheidende – Veränderungen erfährt. Die wissenschaftliche Weltanschauung, mit der man wähnt, automatisch die Übersetzung eines elaborierten Sinnes in die Sinnenwelt in der Hand zu haben, ist ein hölzernes Eisen.

Das Verhältnis von Sinn und Sinnlichkeit enthält, wie die Journalisten sagen, Sprengstoff. Da dachte man schon, die Wortfügung Sinn und Sinnlichkeit sei eine in sich befriedete Phrase, zum Beispiel für pädagogisches Schönreden über Kunst, und da fällt einem ein, dass im sogenannten Dritten Reich eine deutsche Wissenschaft Einsteins Relativitätstheorie nicht zuletzt der Abstraktheit wegen bekämpft hat: Dieser Fraktion der deutschen Wissenschaft, der »arischen Physik«, war das ein Sinn, der zu wenig in der Sinnlichkeit verankert war. Auch das Mathematische gelte nur in einer Entsprechung zum Anschaulichen, und »arische Physik« habe das unmittelbare Erlebnis der Natur zu bewahren. Und diese Entfernung von der Unmittelbarkeit, von der sinnlichen Anschauung, behaupte ich, war angstbesetzt.

Angst vor der eigenen Wissenschaft, deren Denkweise man so verdreht, dass man keine Angst mehr zu haben braucht!

Aber, auch wenn es unglaublich ist, selbst die allergrößten Geister – wie Einstein und Erwin Schrödinger – haben der Quantenphysik gegenüber genau die besagten Ängste gepflogen. Das weiß ich aus einem Interview, in dem der Physiker Anton Zeilinger sagte: »Als ich die Arbeiten von Einstein und Schrödinger zum ersten Mal las, war ich verblüfft, dass Leute von diesem Gewicht die radikale neue Position der Quantenphysik nicht akzeptieren wollten. Schrödinger hätte gerne – so wie Albert Einstein auch – einen realistischeren Weltbegriff gerettet. Dies hat sich zwar als unmöglich herausgestellt, jedoch gäbe es ohne diese Diskussionen das Gebiet der Quanteninformation gar nicht. Denn erst durch diese Diskussionen sind Experimente angeregt worden, die sich einerseits als ganz zentral für die Ideen von Quantenteleportation oder den Quantencomputer herausgestellt haben. Andererseits konnte erst dadurch die fundamentale Position, der Einstein und Schrödinger noch anhingen, als unhaltbar verworfen werden.«

Daraus folgt einerseits, dass es Annahmen gibt, die selbst wenn sie falsch sind (oder gerade dadurch, dass sie falsch sind), von Nutzen sein können: Falsifikation – das ist das Glück der Wissenschaft. Es folgt aber andererseits daraus, dass sich der Wunsch, »den Boden unter den Füßen« zu behalten, also der Wunsch nach einem »realistischeren Weltbegriff« auch bei Menschen gegen ihre Wissenschaft richten kann, die diese Wissenschaft geradezu gepachtet haben.

Eine Aversion gegen die Abstraktion gab es natürlich auch auf der Seite der Linken. Der geniale Literat Carl Einstein zum Beispiel hatte die Verbegrifflichung als ein Mittel de-

nunziert, mit der liberale Eliten den Wirklichkeitsbegriff der Massen als sekundär und irrelevant entkräften wollten. Der Wirklichkeitsbegriff der Massen sei konkret, und wie Carl Einstein in seiner Schrift »Die Fabrik der Fiktionen« ausführt, würde das Blendwerk des liberalen Geistesbetriebs funktionieren, indem – ich sag's mit meinen Worten – die Wissenschaft das konkrete Denken entwertet und die Kunst mit pseudokonkreten Subjektivismen, mit privaten Metaphern das Empfinden vernebelt.
Nach meiner Auffassung liegt hier eine existenzielle, über die Erkenntnistheorie hinausgehende Gleichung vor, die sich im Leben nie ausgeht: Einerseits ist die Kritik der Sinne, die Beurteilung der Sinnesdaten unausbleiblich. Durch die Vernunftbegabung kann unsereiner gar nicht anders, als stets über die bloßen Sinneseindrücke hinaus sein. Der Mensch ist nachdenklich, und in Gedanken kommt er nicht selten drauf, dass die Sinne ihn getäuscht haben. Andererseits, weil er eben nachdenklich ist, und das ist der Mensch nicht zuletzt deshalb, weil er in seinem Leben so viel gesehen hat, durchschaut er gelegentlich auch geschlossene Sinnsysteme und die ihnen angeschlossenen Fachsprachen, deren unsinnliche Künstlichkeit nach Übersetzung dürstet.
So hat Hans Magnus Enzensberger in einem kleinem Vokabelheft unter dem Titel »Das Alphabet der Krise« den Manager- und Wirtschaftwissenschaftlerjargon etwas billig, aber doch deutlich und zum Lachen übersetzt: »Rating, das; Bewertung von Wertpapieren, die an die Punkte von Weinexperten und an die Koch-Mützen der Gastronomie-Ratgeber erinnert. Irrtum vorbehalten. Die Agentur kassiert, lehnt jedoch jede Haftung ab. – Verstaatlichung, die; Ideal der kommunistischen Parteien, das von Großbanken herbei-

gefleht wird. – Wirtschaftsweisen, die; eine staatlich geprüfte Ansammlung von hochdotierten Kaffeesatzlesern. – Zertifikat, das; ein Papier, das dem Anleger ein Maximum an Unsicherheit garantiert.«

Daraus spricht ein an Wahrnehmungen, ein von Wahrnehmungen geprüfter Realitätssinn. Der Sinnzauber erweckt den Wunsch, ja die Sehnsucht nach dem Konkreten, nach dem Wahrnehmbaren. In dem Zusammenhang kann man den besonders in Österreich akademisch nicht gerade geliebten, wenn nicht gehassten Hegel zitieren, ohne dass man sich irgendeinem Theorem anschließen muss, mit dem sich Hegel österreichweit unbeliebt gemacht hat. Schon Kant, der im akademischen Leben Österreichs weitaus beliebter ist als Hegel, hat mit einem berühmten Satz die Diskrepanz von Sinnlichkeit einerseits und Sinn andererseits, also von Empirismus und Rationalismus erledigt. Der Satz lautet: »Gedanken ohne Inhalt sind leer, Anschauungen ohne Begriffe sind blind.«

Aber warum das Denken und die Menschen überhaupt von der Sinnlichkeit so verführbar sind, steht im ersten Kapitel von Hegels »Phänomenologie des Geistes« sehr gut begründet. Dort heißt es: »Der konkrete Inhalt der *sinnlichen Gewißheit* läßt sie unmittelbar als die *reichste* Erkenntnis, ja als eine Erkenntnis von unendlichem Reichtum erscheinen.«

Das ist es, genau das ist es: der Schein einer unendlichen Fülle und des Reichtums, der in den Augenblicken des Wahrnehmens grenzenlos erscheint. Aber nicht nur das. Die »sinnliche Gewißheit«, so Hegel, »erscheint außerdem als die *wahrhafteste*; denn sie hat von dem Gegenstande noch nichts weggelassen, sondern ihn in seiner ganzen Vollständigkeit vor sich«. Eine Variante von Intellektuellenfeindlichkeit ist deshalb so aggressiv, weil sie im Verstandesmenschen den auch moralisch verwerflichen Zerstörer gegenständlicher Integrität vor sich sieht. Was lassen intellektuelle Frauen und Männer doch alles weg, damit in ihren Augen die Abstraktionen endlich stimmen! Hegel ist ein Dialektiker, und das heißt unter anderem, dass er sein eigenes Argument vom Reichtum und von der Wahrhaftigkeit der sinnlichen Gewissheit schließlich ins Gegenteil kehrt: »Diese *Gewißheit* aber gibt in der Tat sich selbst für die abstrakteste und ärmste *Wahrheit* aus. Sie sagt von dem, was sie weiß, nur dies aus: es *ist*; und ihre Wahrheit enthält allein das *Sein* der Sache …«

Also sagen die nicht beurteilten, die nicht der Reflexion ausgesetzten Sinnesdaten über eine Sache nur aus, dass sie ist, also praktisch nichts. Über den Journalisten, den Typus des Journalisten, wird Robert Musil urteilen, dass so ein Journalist von der Zeit, in der er lebt und von der er glaubt, dass er sie beschreibt, im Grunde nur sagt, dass sie da ist, mehr nicht. Menschen, denen der Verstand wertvoll ist, auch ohne dass sie die sinnliche Erfahrung abwerten, werden Haltungen bekämpfen, die sich total in der Sinnlichkeit verankern. Der leiseste Anflug von Gesellschaftskritik belehrt einen, dass starke Kräfte am Werk sind, um die sinnliche Gewissheit als Hauptmodus der gesellschaftlichen Wahrnehmung zu etablieren: das Glitzern der Waren, der Glamour der Personen. Das (und auch der Appell, die Zeit doch nur aus Gegenwart, aus einem ewigen Hier und Jetzt bestehen zu lassen) hat die Tendenz, das Denken auszuschalten und reflexartig die Sinne einzuschalten.

Es ist nicht nur der Reichtum des sinnlichen Welthabens, der es uns antut. Es ist die Unschuld, die Reinheit, die man in der Sinnlichkeit vermuten will. Wer zwischen Gut und

Böse nicht unterscheidet, ist weder gut noch böse, sondern ist – selbst in seiner Grausamkeit – unschuldig. Nach einer solchen Unschuld, also nicht zuletzt nach einer, in der man grausam und zugleich unschuldig sein kann, herrscht hin und wieder Sehnsucht. Das ist verständlich, weil die sogenannten westlichen Gesellschaften voll von einander widersprechenden ethischen Konzepten sind. Der Pluralismus der Sinnstiftungen ist verwirrend. Da will man die Ethik, die auf Unterscheiden und Überlegen und Überzeugen beruht, überhaupt gleich loswerden.

Dass es eine Natur gäbe, die nicht angekränkelt ist, die frei von allem ist, worauf die Gesellschaft gründet, ist ein verständlicher Wunsch. Die Gesellschaft beruht doch nicht auf Wahrheit, auf Authentizität, sondern auf mehr oder minder geschickt durchgeführten Täuschungen, von denen einige sogar wahr werden können. Beliebt sind auch Selbsttäuschungen. Da wächst die Sehnsucht nach den Stunden der schon zitierten wahren Empfindung. Über die Heuchelei zu klagen oder sich lustig zu machen ist unausbleiblich und dient kaum jemals der Besserung, manchmal immerhin der Unterhaltung. Es ist dagegen eine andere Sache zu erkennen, dass die Unehrlichkeit eine der Geschäftsgrundlagen der Gemeinschaft ist: Die Wikileaks-Publikationen zur Diplomatie der USA haben das auf die am meisten zeitgemäße Weise nur wieder einmal bewiesen. Das künstliche, manchmal sogar gekünstelte Verhalten, das einem die Gesellschaft ans Herz legt, will wenigstens in der Utopie von einer Natur wissen, in der alles ist, wie es ist: kein Schein, sondern reines Sein. Wie gesagt, Rousseau ist gut verständlich, und gut verständlich will sagen, dass sein Gedankengut inkognito auch heute noch im Alltag eines jeden Menschen vorkommen kann.

Mein Vater zum Beispiel pflegte über seinen Schrebergarten in Wien-Strebersdorf zu sagen, er sei sein Paradies, und damit war nicht nur das kleine, durch gärtnerische Kunst jedoch sehr gepflegte Stück Natur gemeint. Paradiesisch war auch der Umgang der Schrebergärtner miteinander, was ich für ein Glück halte, denn es gibt ja auch Schrebergärtner, die einander die Hölle bereiten. Aber die Kleingärtner von Strebersdorf standen einander bei, und so war es möglich, den Garten nicht nur mit der Natur zu identifizieren, sondern ihn auch moralisch zu qualifizieren. Es war eine soziale Idylle entstanden, die im Gegensatz zur rauen Welt der Lebenskämpfe erfahren werden konnte.

Das sind Nachrichten aus dem Ruhestand, aber es gibt auch welche aus dem bewegten Leben, die besagen, wie dramatisch die Wahrnehmung von Natur werden kann. Der gescheiterte Missionar und erfolgreiche amerikanische Anthropologe Daniel Everett lebte am Amazonas, und kaum dort angekommen, erkrankten seine Frau und seine Kinder schwer, auf Leben und Tod, an Malaria. In seinem Buch »Das glücklichste Volk« erzählt er von einem Augenblick der Überlegung, des Innehaltens inmitten der Todesgefahr: »Ist die Natur schön, wenn die eigene Familie hilflos darin zugrunde geht? Ich gelangte zu dem Schluss, dass die Schönheit der Natur in Wirklichkeit die Schönheit unserer Wahrnehmung ist. Nein, sie wäre nicht schön, wenn es keine Menschen gäbe, die sie für schön erklären. Aber, mein Gott, schön war sie dennoch. Ganz gleich, was die Ursache sein mochte: die vom Wind erzeugten kleinen Wellen auf dem Wasser, die schwankenden Äste der Bäume, der hellblaue Himmel, die Gesundheit und Kraft meiner Arme, mein klarer Blick, die Entschlossenheit in meinem Herzen – all das waren schöne Dinge, und ich fühlte mich im allgegenwärtigen Kampf ums Dasein im Einklang mit der Natur.«

Das liest sich, wie es im Buche steht. Das Lesen ist ja die Kulturtechnik, die offenkundig am deutlichsten eine Einheit von Sinnlichkeit und Sinn vor Augen führt: Es sind die Augen, mit denen man liest, und zugleich heißt lesen eigentlich, den Sinn zu verstehen, der mit einer Schrift potenziell vorliegt. Die Lektüre realisiert den in einer Schrift der Möglichkeit nach vorhandenen Sinn. Ohne Augen wirklich kein Sinn. Mit Augen allein jedoch auch nicht. Einen Text kann man anschauen, ohne ihn zu lesen. Aber dann versteht man ihn nicht, man sieht nur das sinnlich Wahrnehmbare an den Buchstaben, ihre sinnfreie Gestalt. »Die Fähigkeit zu lesen«, hat Frido Hütter bemerkt, »unterscheidet sich ganz wesentlich von der Fähigkeit zu schauen. Letztere beherrscht auch jedes Reh. Das Erschaute, speziell wenn es abstrakt ist, in Inhalte und Bedeutung zu übersetzen, ist, soweit wir es wissen, ein Privileg des Homo sapiens.« Das Reh lebt in und von der sinnlichen Gewissheit. Der von seinem Privileg nicht selten auch unsicher gemachte Mensch ist mit der Lesbarkeit der Welt befasst – mit einer unendlichen Geschichte.

Aber ist das nicht genau das, was Everett schreibt? Er schreibt, was er in einem Augenblick der Lebensgefahr aus der Welt herauslesen kann. Er versucht das Konkrete, ausgedrückt mit der Abstraktion Natur, in Inhalte und Bedeutung zu übersetzen. Dabei nimmt er eine sagenhafte Schönheit wahr, und er verfährt mit dieser Wahrnehmung doppelbödig. Einerseits stellt er das Subjekt des Wahrnehmens eigens heraus: ohne den Menschen weit und breit keine Schönheit. Andererseits aber unterstreicht er emphatisch diese kritische Differenz zwischen dem Subjekt und seiner Wahrnehmung. Unter Anflehung Gottes wird der Eindruck von der Natur objektiviert: »Aber, mein Gott, schön war sie dennoch.«

Dass der Missionar und Anthropologe dies alles während der tödlichen Bedrohung seiner Nächsten empfinden konnte, ist keine Nebensache. Im Überlebenskampf und im Rettungsversuch auf Leben und Tod sind die Sinne geschärft. Es ist, wie man von Hans Blumenberg lernen kann, einer der Gründe der andauernden Wirksamkeit antiker Mythen, dass sie nicht in einem spätzeitlichen Kulturbetrieb ersonnen wurden. Sie sind entstanden inmitten eines harten und ungesicherten Daseins, das – falls man stark genug dafür war – eine scharfsinnige Geistesgegenwart sondergleichen ermöglicht. Die Sinnesschärfe hängt auch von der Beanspruchung ab. Aber der urbane Spott, die Natur würde nur der für schön halten, der in ihr nicht arbeitet, scheint nicht zu treffen. Das Naturschöne empfindet auch der, der der Natur ausgesetzt ist, und sei es in einer Art »Ästhetik des Schreckens«, in einer Angst vor den Naturgewalten.

Wozu braucht man denn Kunst, wenn es die Natur gibt? Der Mensch, der mir das sagte, war von Beruf Arzt, und er sagte es ohne Rankünе. Der Orthopäde war, ohne es zu wissen, ein später Parteigänger Rousseaus. Dieses Wozu ist eine Machtfrage: Die Natur ist dem Menschen vorausgesetzt. »Aber, Herr Doktor, wenn einem die Natur kommt«, sagt Büchners Woyzeck, der meint, in dem Fall könne man nichts mehr machen. Gegen diese Macht der Natur haben die Menschen einiges unternommen. Sie ist uns vorausgesetzt, und diese Voraussetzung ist ein Stachel dafür, dass die Menschen sie ständig umformen (umformen vielleicht so weit, bis man aus der Differenz von Kultur und Natur keine Dialektik mehr herauspressen, zumindest keinen dialektischen Staat – aus status naturalis und status civilis – mehr machen kann).

Traditionell gesehen, hat der Aneignungsprozess der Natur viele Formen angenommen, und eine davon nennt man gewöhnlich Kunst. Die Kunst beschäftigt die Sinne, im Glücksfall nicht weniger intensiv, als die Natur es kann. Was die Natur gelegentlich, das heißt an den schönsten Stellen der Erde, an überwältigender Erhabenheit der Kunst voraus hat, gewinnt die Kunst durch ihr platonisierendes Potenzial. Die Kunst kann den Akzent auf die inneren Bilder legen, die manchmal so eigensinnig sind, dass ihnen in der Natur nichts mehr entspricht. Aber mit diesen Phänomenen umzugehen, sie der Prüfung durch die Sinne *und* den Verstand auszusetzen, das ist der Sinn zum Beispiel akademischer Ästhetik-Vorlesungen, die der Staat seinen Universitäten großzügigerweise immer noch ermöglicht.

Die immanenten Widersprüche tun gerade der Großartigkeit keinen Abbruch, mit der die Kunst in Erscheinung treten kann, und die Großartigkeit hängt auch nicht von der Größe der Themen ab. Es gibt in meinen Augen ein Bild, an das ich denken konnte, während ich die vorangegangenen Thesen aufstellte: »Das Waschbecken« von Lucian Freud. Man sieht nichts als ein Waschbecken, das Atelierwaschbecken Freuds, aber man sieht es ganz genau, genau und niemals überdeutlich. Ein Interpret hat das Bild mit dem Etikett versehen, es strahle Sinnlichkeit aus. Mag sein, aber was sollen Bilder sonst tun, als Sinnlichkeit auszustrahlen? Es bleibt ihnen doch gar nichts anderes übrig. Dieses Manko des Zwangs zur Sinnlichkeit übertüncht der Interpret, indem er, was es zu sehen gibt, überhöht, mit Sinn überhöht. Am Waschbecken von Freud fehle kein menschliches Gefühl – von der

Schwärze des Abflusses bis zum Weiß des Überlaufs, alles soll was Menschliches bedeuten.
Für meinen Blick erübrigt sich eine solche Symbolisierung. Freuds altes, verrostetes Waschbecken zeigt das Sehen selber. Gleichgültig, was es zu sehen gibt, dass man es sieht, ist ein Glück. Das Glück wird einem durch die Darstellung des Künstlers klar. Es sei banal, sagt der Interpret, aber so »hübsch« wie auf dem Bild könne in der Wirklichkeit ein Waschbecken nicht sein. Aus meiner Sicht hat Freud aber gar nicht die Behübschung eines Waschbeckens durch Darstellung betrieben. Dieser Künstler war ein Könner, aber kein Virtuose. Er hat die Schönheit des Wahrnehmens, dieses Glück, sehend auf der Welt zu sein (ja, überhaupt durch die Sinne eine Welt zu haben), dargestellt, und natürlich hat er das nicht, weil dies sein Plan, seine Absicht, sein Konzept war. Solche Leute wie Freud sind eben so, und in diesem Sinne können sie auch nicht anders. Da in der Hässlichkeit unseres Fleisches ein Stück Wahrheit über uns lauert, eine sinnliche Wahrheit, kriegen es Künstler wie Freud sogar hin, dass viele diese Hässlichkeit in Form der fettesten Körper gerne sehen. In Wirklichkeit, in der realen Welt, will niemand die Fetten sehen – *pulchra sunt quae visa placent*, schön ist was dem Sehen gefällt –, und die Fetten gehören nicht dazu.
Gewiss, die Darstellung des euphorisierenden Sehens kann nur indirekt erfolgen, zum Beispiel umgeleitet über ein Waschbecken, das im Atelier für den Künstler viel bedeutet haben musste: Anfang einer Arbeit, Ende der Arbeit, und auch in der Zwischenzeit tropft gemütlich der Hahn. Der Betrachter jedoch ist frei von solchen Bedeutungen, und er kann sich angesichts des Waschbeckens von Lucian Freud selbst in die Augen schauen: Ich sehe, ja, *wir* sehen. Ein Waschbecken,

was immer auch sein Verwendungszweck sein mag, ist natürlich unschuldiger als jeder Mensch, der ein Schicksal im Fleisch eingezeichnet hat. Man sieht ein Waschbecken weniger voreingenommen und kann sich aufs glückliche Sehen besser konzentrieren.

Es ist dieses Glück der Sicht, angesichts dessen Balzacs »Unbekanntes Meisterwerk« zu einem beängstigenden Zeichen wird. Diese Erzählung ist eine Art Katechismus der Überbietung. Die Akteure sind von der Kunst ergriffen: »Der junge Mann empfand jenes Gefühl, das die Seele großer Künstler erbeben lässt, wenn sie mit der ganzen Kraft ihrer Jugend und ihrer Liebe zur Kunst vor ein Meisterwerk oder vor einen genialen Künstler treten.« Die Geschichte »Das unbekannte Meisterwerk« ist fast Kitsch über Kunst. Auf die höchstmögliche Wirkung bedacht, bereitet Balzac den Leser darauf vor, was für ein noch nie gesehenes Kunstwerk es zu sehen geben wird. Ein solches Meisterwerk wie das zu erwartende ist wahrhaft unbekannt. Der alte Maler, dem das Werk nachgesagt wird, schüttelt alles Lob ab, das anderen seiner Bilder gilt: »Da habe ich nur ein bisschen herumgepinselt … Was hier hängt, ist alles misslungen!«

Und dann zeigt er sein eigentliches Werk, ein Frauenporträt. Die beiden Aspiranten Poussin und Porbus, selber Maler, die zur Besichtigung eingeladen sind, können nichts erkennen. Sie erblicken kein Bild, aber Frenhofer, der alte, verehrte Maler, dem höchste Erwartungen entgegengebracht werden, sieht das völlig anders: »›Aber da ist es doch!‹, rief der Alte, dessen Haar völlig zerzaust war und in dessen Gesicht eine unnatürliche Begeisterung glomm. Seine Augen funkelten, er keuchte wie ein liebestrunkener junger Mann. ›Ha!‹, rief er aus. So viel Vollkommenheit habt ihr nicht erwartet. Ihr steht vor einer Frau – und sucht das Gemälde. Diese Leinwand hat eine solche Tiefe, die hier abgebildete Luft ist so echt, dass ihr sie von der Luft, die uns umgibt, nicht mehr unterscheiden könnt. Wo ist die Kunst? Verloren, verschwunden! Hier sind die leibhaftigen Gliedmaßen eines jungen Mädchens!«

Das ist die alte Demiurgen-Ideologie in der Kunst: Die Kunst wird überschritten, auf das echt Lebendige hin. Der Künstler wird zum Schöpfer der Welt, seine Geschöpfe sind lebendig. Bei Balzac ist so ein Werk Einbildung, sichtbar nur für den Künstler. Die Augenzeugen verständigen sich dagegen mit einem lakonischen Dialog: »›Erkennen Sie etwas?‹, fragte Poussin Porbus. – ›Nein ... und Sie?‹ – ›Nichts!‹«

Siehe da, das Meisterwerk ist unsichtbar. Dafür hat es, ich will es wiederholen, in der Einbildungskraft seines Schöpfers den Vorteil, dass es die Differenz von Kunst und Leben überwindet. Man sieht dem Bild nicht an, dass es Kunst ist. Die Geschichte mit der Pfeife, die keine Pfeife ist, sondern eben das Bild einer Pfeife, gilt hier nicht. Dafür muss man den Nachteil in Kauf nehmen, dass man gar kein Bild vor sich hat, weil es nichts zu sehen gibt. In einem Moment der Einsicht ruft der Künstler bei Balzac aus: »Nichts! Nichts! Und dafür habe ich zehn Jahre gearbeitet!« Aber die Einsicht währt nicht lange. Lieber misstraut so ein Künstler den Sinnen der anderen, als dass er mit ihren Augen sieht, nichts sieht. Am Schluss ist die Anspannung in der Kunst, deren Werke einander ständig überbieten, so groß, dass nichts bleibt als der höchste Anspruch ohne sichtbares Werk. Dem Künstler hilft nur noch der Tod. Man erfährt, »dass er in der Nacht gestorben sei, nachdem er zuvor seine Bilder verbrannt hatte«.

»Das unsichtbare Meisterwerk« ist die Depression, die sich als enttäuschte Erwartung euphorisierenden Sehens einstellt.

»Die Kunst« weckt berufsmäßig solche Erwartungen, und der Künstler ist das erste Opfer, wenn sie sich auch für ihn nicht einstellen wollen. Zehn Jahre umsonst gearbeitet ist branchenüblich. Andererseits ist es eine Haupt- und Staatsaktion, wenn Menschen, die ganz und gar auf das Sichtbare fixiert sind, unter der Vorspiegelung, sie würden gleich das Höchste sehen, gar nichts zu sehen bekommen.

In der Philosophiestunde habe ich gelernt, dass Bewusstsein immer Bewusstsein von etwas ist. Sehen tut man auch nicht nichts. Nichts sehen ist kein Sehen, zumindest keines im besagten Sinn, in dem sich Freuds Waschbecken zeigt. Das Phänomen der Blindheit und gar der Blendung relativiert den Triumph der Sehenden. So etwas wie die Blindheit und die Blendung sieht man sich in der Tragödie an, also bei einer Gelegenheit, auf die sich ein erhabener Blick mit pathetischen Einsichten werfen lässt. Aber es gibt auch Nachhilfestunden, die die Blinden den Sehenden erteilen. Museen zum Beispiel werden in solche des Nicht-Wahrnehmens umfunktioniert, und die Besucher erhalten Augenbinden, damit sie nichts sehen, dafür aber erfahren, wie Blinde alltäglich die Welt erleben.

An dieser Stelle könnte der schon zitierte Étienne Bonnot de Condillac (1714 bis 1780), ein – natürlich – Geistlicher, seinen großen Auftritt haben. Seine »Abhandlung über die Empfindungen« arbeitet mit einem äußerst attraktiven Modell, und ich kann nicht umhin, es vorher auszuplaudern, dass der Abbé die Arbeit am Traité, also an dieser seiner Abhandlung über die Empfindungen immer wieder unterbrechen musste, und zwar nicht zuletzt auf Grund eines Augenleidens.

Das besagte Modell ist den Philosophen bekannt, für Literaten ist es eher ein kostbarer Fund. Condillac denkt sich eine Statue, der er der Reihe nach die Sinne zuspricht, erst diesen Sinn und dann jenen Sinn, und jeweils zusieht, welche Welt diese Statue hat, wenn das Welthaben zum Beispiel allein auf dem Geruchsinn beruht. Zitat §1 der Abhandlung: »Wenn unsere Statue auf den Geruchssinn allein angewiesen ist, so können ihre Kenntnisse sich nur auf Düfte erstrecken. Sie kann ebensowenig Vorstellungen von Ausdehnung, Gestalt und etwas außer ihr oder ihren Empfindungen Seiendem bekommen, als von Farbe, Ton Geschmack.«

Damit ist das Prinzip angegeben: Man vermehrt oder vermindert für die Statue die Sinne, über die sie verfügen soll, und diskutiert, was sie dann jeweils von der Welt weiß und eventuell auch, wie dieses Wissen im komplexen Zusammenwirken der Sinne die Welt zusammensetzt. Ich halte Condillacs Verfahren gegenüber der Statue für unfair oder wenigstens für zu rationalistisch. Die Idee ist ja abenteuerlich, großartig, und man könnte ihr das Wildeste an Sinnesverwirrung abgewinnen. Aber auch als Erkenntnistheorie ist sie mir nicht mutig genug, weil Condillac einfach unsere fünf Sinne voraussetzt: Give me five. Die fünf machen dann die ganze Welt, schon möglich, aber ich schwärme von einem Verfahren, das die Statue nicht mit unserem Besserwissen belastet. Condillac steht seiner Statue nicht unvoreingenommen gegenüber, sondern im Vollbesitz seiner Sinne, und das ist zu wenig für das phantastische Potenzial seines Modells.

Gut, Condillac ist ja schon lange her, und weil von allen Zeiten uns die Gegenwart doch am meisten am Herzen liegen muss, nämlich bis zum Infarkt, werde ich mit einem Hinweis auf ein Buch von Clemens Setz hier und jetzt gleich aufhören. Das Buch heißt »Die Liebe zur Zeit des Mahlstädter

Kindes«. Es sind mich begeisternde Erzählungen, und eine davon, man höre und staune, trägt den Titel »Condillac«. Der alte Pfaffe Condillac, der seinerzeit Aufklärung entgegentaumelte, kommt mit Recht zu Ehren.

Der Anfang der Geschichte »Condillac« von Setz ist hier mein Schluss, und zwar, wie wir Heroen der Popkultur sagen, ist es ein Schluss in einem *fade out* – in einem Verklingen des Textes und seines Sinnes: »Vor einigen Jahren«, so beginnt Setz seine Geschichte »Condillac«, »arbeitete ich in einer Blindenbibliothek als Hilfskraft. Die Bibliothek war im oberen Teil eines einstöckigen Gebäudes untergebracht und bestand aus mehreren kleinen Räumen, in denen Romane, Sachbücher und heilpädagogische Fachliteratur in Brailleschrift oder als Hörbuch gelagert wurden. Da viele der Braillebücher kein Etikett in Schwarzschrift besaßen, musste ich mir das kleine kompakte Alphabet der sechs Punkte selbst beibringen. Es dauerte Wochen, bis ich das erste Etikett richtig entziffern konnte. Doch nach und nach wurde ich immer besser darin – manchmal gelang mir sogar das Lesen mit der Fingerkuppe, bei geschlossenen Augen …«

Stammersdorf

Als ich mit dem Vater
am Friedhof stand –
es war derselbe Friedhof,
in dem Jahrzehnte später
sein Begräbnis stattfand,
sein eigenes Begräbnis –,
flüsterte er Worte.

Der Vater hatte sein Lebtag
nicht gebetet. Aber
am Grab seiner Mutter,
meiner Großmutter,
fand er es passend,
so zu tun, als würde er beten.

Er murmelte Worte,
die in diesem Sinn
nicht sinnlos waren,
und dazu schlug er ein Kreuz,
ebenfalls nicht fachgerecht,
auch wenn es dem nahekam,
das man in der Kirche landauf und landab
beim Bekreuzigen sehen konnte.

Das Kind an seiner Seite
war zerbrechlich.
Es duldete auch diese Zeremonie

schweigend. Die Hand des Vaters
bot sicheres Geleit, und so verließen
die beiden Menschen,
scheinbar einander stützend,
auf den Kieswegen
den Stammersdorfer Friedhof.

Ein Stromstoß von Glück

Ja, das ist wahr: Glück gehört zu den Begriffen, die sich einer ein für alle Mal gültigen Definition entziehen, verweigern. Es wird Temperamente geben, die sich mit einem so vieldeutigen Begriff nicht abgeben. Sie halten es für müßig und aussichtslos, selbst wenn sie zugeben, dass alle Welt nach dem Glück strebt (also entweder gleich nach dem Aussichtslosen oder nach etwas, für das keine allgemein gültige Bestimmung existiert).

Es gibt aber auch Temperamente wie meines, die gerade, weil der Begriff des Glücks so vieldeutig ist, sich mit ihm befassen. Vieldeutig bedeutet auch, dass man bei vielen Definitionen des Glücks nie sicher sein kann (man verharrt im Ungewissen), und genau das wiederum bildet ein Fundament dafür, sich erst recht mit dem Glück zu befassen. Warum?

Weil die Ungewissheit, das Unsichere in nicht wenigen Bereichen der menschlichen Existenz entscheidend ist. Entscheidend sind auch die Mischformen von Sicherheit und Ungewissheit. Zum Beispiel kann jeder Mensch sicher sein, dass er sterben wird, zugleich ist es ungewiss, wann. Das Eigentliche weiß man nicht, der Rest ist sattsam bekannt.

Solche Konstellationen, die durch wichtige, aber zugleich durch nicht festlegbare Begriffe entstehen, sind naturgemäß das Element, in dem Kunst und Philosophie ihre nicht immer lupenreinen Erfolge erzielen. Nietzsche hat es uns hineingesagt: Glück sei überhaupt eine Erfindung kleiner Menschen, die es warm haben wollen und die aus diesem Wunsch heraus alles klein machen. Der kleine Mensch sorgt vor:

»Man hat sein Lüstchen für den Tag und sein Lüstchen für die Nacht: aber man ehrt die Gesundheit.« Heute ist dieser einfühlsame Hohn Zarathustras das Grundmotiv für die Selbstgeißelung der Spießer, die auch das Glück verachten, das sogar sie erreichen können. Es steht ihnen eben der Sinn nach Höherem, was soll da das »kleine Glück?«

Ich drücke der Menschheit meine Bewunderung aus, dass sie so etwas kann, nämlich auf Grund einer Mangelerfahrung, die hin und wieder durch ein ausgeschüttetes Füllhorn relativiert wird, eine Personifikation für das ganze Problem zu erfinden: Fortuna. Ein Buch mit diesem Titel erscheint gegenwärtig antizyklisch, also gegen den Trend, der Unglück verheißt. Am Schutzumschlag dieses Buches »Aus dem Magazin des Glücks« sieht man, wie Fortuna uns den Rücken zeigt und dass sie, obwohl leicht verfremdet, nichts Besonderes zu sein wünscht. Sie könnte jeder Mensch sein. Dass sie weiblich ist, hat ihr seit eh und je den Nachhall jener Kämpfe eingebracht, die Männer gegen Frauen führen. Denn Fortuna, heißt es in Machiavellis »Fürst«, »ist ein Weib, und wer es bezwingen will, muss es schlagen und stoßen; und man sieht, dass es sich leichter von diesen besiegen lässt als von solchen, die kaltblütig zu Werke gehen. Darum ist es, wie ein Weib, auch den Jünglingen gewogen, weil diese weniger bedächtig und gewalttätiger sind und ihm dreister befehlen.«

Das ist unerträglich, und dass in einer Kultur von den klügsten Menschen solche Dinge gesagt werden konnten, erklärt das Entstehen der Political Correctness, diesen gescheiterten Versuch, sich und den Seinen mit starren Regeln das Schandmaul zu stopfen. Es funktioniert nicht, weil ohne Veränderung der Denkweise das Redeverbot nichts hilft und den Leuten nur das Gefühl gibt, sie seien geknebelt. Das ändert nichts daran, dass Machiavellis funktionalistisches Glückskonzept klug ist. Jeder Fußballtrainer muss damit arbeiten: Er trainiert die Mannschaft, stellt sie auf den Gegner ein, die Strategie ist den Spielern eingefleischt. Aber es wäre kein Spiel (und es wäre nicht »das Leben«), hinterließen nicht alle Vorbereitungen eine Lücke, die nur, wenn das Glück sie ausfüllt, den Sieg nicht verhindert.

»Es ist unser Glück, dass wir nicht wissen, was das Glück ist«, schrieb Hans Blumenberg. »Wüssten wir es, könnten wir sicher sein, dass keiner es erreicht, weil alle dasselbe haben wollten.« Das erweckt in mir die Vorstellung von Menschen, die sich in endloser Schlangenreihe um das Glück anstellen, und da fiel mir ein, dass diese Vorstellung ja eine Entsprechung in der Realität hat: In einem Film über die USA hatte ich gesehen, wie Hunderte Menschen auf die Öffnung eines Stadions warteten, in dem Ärzte die behandelten, die nicht krankenversichert waren. Dabei geht es weniger ums Glück, aber man ehrt so die Gesundheit in keinem kleinen, sondern in einem riesigen, sogar größter Kirchen würdigen Ritual.

»Weil wir nicht wissen, was das Glück ist«, heißt es bei Blumenberg, »versucht es jeder auf seine Weise, daran zu kommen. Das hat die Menschheit zur Gattung der stupendesten Vielfalt ihrer Glücksversuche mit allen Nebenerzeugnissen derselben vorangedrängt.« Damit wird die Glücksuche zu einer Ursache für den Fortschritt. Vor allem aber verursacht sie, gewiss nicht allein, den Pluralismus unserer Existenzen. Damit ist gesagt, dass die Klage darüber, man wisse nicht, was das Glück sei, und es bringe ja nichts, übers Glück nachzudenken, gegenstandslos ist. Es ist, wie gesagt, schon ein Glück, dass wir nicht wissen können, was ein für alle verbindliches Glück wäre …

Leichter als darüber, was Glück ist, kann man sich über das einigen, was ein Unglück ist, und das ist gut so: Wenn man nämlich das Glück durch seine vielfältigen Möglichkeiten definiert, wenn man den Glückspluralismus akzeptiert, dann kommt man weniger auf die Idee, etwas vorzuschreiben, was für alle ein Glück sein soll. Wenn man aber abstreitet zu wissen, was für alle ein Unglück ist, dann ist die Versuchung nahe, den Unglücklichen zu erklären, dass es ihnen eh gut geht (und sie also keiner Hilfe bedürfen).

Ginge es mir darum, Glück zu definieren, würde ich von einer Spannung ausgehen – von einer undramatischen, schlicht alltäglichen Glückserfahrung einerseits und andererseits von einer ekstatischen, extremen Erfahrung. In dem Roman »Die Stunde zwischen Frau und Gitarre« von Clemens Setz hat die weibliche Hauptperson Natalie ein riesiges Poster mit Kaiserpinguinen über der Badewanne hängen: »Die auberginenrunden Vögel hatten sich unter der tiefstehenden Polarsonne wie Schachfiguren verteilt, still und abwartend und warfen lange herausfordernde Schatten übers Eis. Natalie salutierte – manchmal in echt, manchmal nur innerlich – jeden Morgen vor den Pinguinen. Dabei hielt sie für einen Augenblick die Luft an und wölbte den Bauch nach vorn. Es versetzte ihr einen kleinen, hellblauen Stromstoß von Glück.«

Das ist vollkommen undramatisch, es ist eine Ehrerweisung an gut aufgestellte Lebewesen. Dramatisch hingegen eine Glückserfahrung in Dostojewskijs Roman »Der Idiot«. Dort ist von einem Augenblick die Rede »… da plötzlich inmitten von Trauer und seelischem Dunkel und Niedergeschlagenheit sein Gehirn aufflammte und seine sämtlichen Lebenskräfte sich zu einer unvorstellbaren Anspannung steigerten. Das Gefühl des Lebens und des eigenen Bewusstseins verzehnfachte sich beinahe in solchen Augenblicken, die wie Blitze waren. Den Kopf, das Herz erhellte ein unvorstellbares Licht, alle Erregungen, alle seine Zweifel, alle Unruhe erlösten sich gleichsam in einem Frieden, waren aufgehoben in einer höchsten Ruhe voll klarer harmonischer Freude und Hoffnung, voller Weisheit und letztem Grund.«

Es dauert nie länger als eine Sekunde, dieses Glück einer Krankheit, das den Kranken so viel kostet und auf das der Fürst bei Dostojewskij (wahrhaft ein anderer als einer aus Machiavellis Stall) nicht verzichten möchte: »Was bedeutet es schon, wenn es auch eine Krankheit ist?«, fragt er sich, und es ist eine rhetorische Frage. Das Seltsame an dem Glücksbefund beim epileptischen Anfall ist die *coincidentia oppositorum*, das Zusammenfallen von Seelenruhe und höchster Erregung.

Zu meinen Wortschätzen zählt eine Textstelle aus dem Buch »Donnerstags bei Kanakis« von Elisabeth de Waal. Darin kommt ein Glück vor, in dem es weder um Nichts geht noch um Leben und Tod, und dennoch ist auch dieses Glück, ein Sommerfrischen-Glück, selten. Die Protagonistin verbringt einen Juni am Land, im Schloss, das den Namen »Wald« trägt und inmitten einer Seen- und Berglandschaft liegt. Sie lebte »halb unbewusst in einem sachte abwechselnden Rhythmus von Wachen und Schlafen. Niemals zuvor war sie so glücklich gewesen. Wie eine körperlose Blase, gewichtslos und schillernd, schwebte sie auf dem breiten, gelassenen Strom des Lebens, wie es in Wald ablief.«

Das eine ist dieses Schweben, eine Seinsweise, die im Umgang mit der widerständigen Wirklichkeit nicht vorgesehen und auch nicht anzuraten ist. Schweben heißt: Man ist da und zugleich nicht da. Nicht da sein ist – in meinem Verständnis vom Zusammenfallen der Gegensätze – identisch mit Glück als erfülltem Dasein. Wald, ein Schloss, fungiert als ein Ausnahmeort, an dem Glück als Ausnahmezustand möglich ist. Das andere, damit zusammenhängend, ist der »Strom des Lebens«. Sich ihm anvertrauen zu können, also ihm nichts abringen zu müssen, das kann nur ein Glück sein. Dahinter steht die alte Lehre von der Übereinstimmung des Inneren mit dem Äußeren, die sich bei Machiavelli so anhört: »Ich schließe also, da das Glück wechselt, die Menschen aber auf dem eingeschlagenen Wege verharren, dass sie nur so lange Glück haben, als Schicksal und Weg übereinstimmen, dagegen Unglück haben, sobald ein Missklang entsteht.«

Die Welt des Glücklichen

Einer dieser Novembertage – es ist nicht kalt, es ist nicht warm, und auch das Licht ist entschieden-unentschieden: ein Grau in Grau. Wer in diese Suppe eintaucht, der lasse besser alle Hoffnung fahren. Ich sitze im letzten Stock des Allgemeinen Krankenhauses, hoch oben in der Bettenburg, in einem Aufenthaltsraum. Wer den betritt, hofft entweder im Übermaß, oder er hat gar nichts mehr zu hoffen. Aber niemals darf man *sich* aufgeben. Alles darf man aufgeben, nur *sich* nicht. Wir sind angehalten, niederschmetternden Stimmungen, die wir doch haben, niemals nachzugeben. Für alles gibt es eine Lösung, wer's glaubt, wird selig.
Vor mir sitzt ein Seliger, er glaubt, er hat die Lösung für sich, für mich. Das Problem bin ich, und ich bin zu dick. Es ist ein Arzt, der da vor mir sitzt oder besser: leicht über mir – ich auf dem einzigen Sessel im Raum, er auf dem Tisch, und er hat die Beine ineinander verschränkt, wohl um's bequem zu haben, aber es sieht unbequem aus. Das Komische im Furchtbaren, denke ich, denn der Arzt am Tisch hat die Beinhaltung eines perfekten Nestroy-Schauspielers. Er ist nicht so ausgedünnt wie ein Nestroy, und genau darum geht es: Ich bin zu dick, und der Arzt war einmal zu dick.
Ja, ich kann mich daran erinnern; ich kannte seinen Vater, den ich jetzt vor mir sehe, wie er damals seine zwei kugelrunden Söhne über die Straße vor sich hertrieb: ein kleiner, aber unaufhaltsamer Herdentrieb. Der Vater, selber beleibt, und diese beiden Söhne, Fleisch aus seinem Fleisch, Kugel aus seiner Kugel, rollten auf die andere Straßenseite.

Jetzt sitzt das Kind von gestern als der Arzt von heute auf dem Tisch. Der Arzt von heute hat eine wichtige Aufgabe – als Internist spricht er die Freigabe für die Operation aus –, ob das Herz richtig klopft, ob das Blut richtig gerinnt, ist seine Sache. Er ist die Vorwarnstufe für die Operateure, damit diese, wenn sie im Morgengrauen an ihr Handwerk gehen, wissen können, aus welcher Richtung jener Teil des Unheils droht, den sie nicht selber verursachen.
Wir sind Allesfresser, sagt der Arzt zu mir, und ich weiß nicht ... Diese zoologische Bezeichnung hat er höflicherweise uns beiden zugedacht – allerdings mit einem kleinen Unterschied: Während ich Allesfresser zu gut im Futter stehe, hat er sichtlich die Zeit seiner Fettsucht hinter sich. Nichts erfüllt mehr als ein endgültig besiegtes Laster.
Ich flüstere ihm heiser einen Einwand zu: Es heißt nicht Allesfresser, sondern Vielfraß. Der Arzt am Tisch rechnet mir, der ich am Sessel sitze, unbeeindruckt die paar Jahre vor, die ich – fett wie ich bin – noch am Leben sein werde. Er erzählt mir von seiner Umkehr. Auch er sei vor der Wendung, die er schließlich seinem Leben gegeben habe, operiert worden. Bei der Operation habe – seiner Leibesfülle wegen – die Narkose nicht ausreichend gewirkt, und er sei plötzlich aufgewacht und habe hellwach am Operationstisch ein Bad in den Schmerzen genommen. Daraufhin sei der Entschluss festgestanden, seiner Fettleibigkeit ein Ende zu machen. Er erzählt mir, wie das geht: ein Magenband, ein Magenband – hier im letzten Stock des Allgemeinen Krankenhauses sind alle Fachleute für ein Magenband. Das Magenband zähmt und rettet die Allesfresser.
Ich, ein Häufchen Unglück, sitze ohne Magenband vor dem Arzt mit Magenband, bin dick und aus Angst hohl, ausge-

höhlt, und mir wird eine andere Eigenheit seiner stilsicheren Rede zuteil. Mit keinem Wort spricht der Arzt von meinem Übergewicht, aber das nicht aus Diskretion; er spricht mich viel indiskreter an, indem er ständig, wenn er mein Übergewicht meint, von meiner Untergröße spricht. Die Untergröße – der scheinhöfliche Scherz trifft viel mehr ins Herz, als es das gröbste Übergewicht könnte.

Ich tue dem Arzt am Tisch sicher Unrecht – kein Wort von ihm ist falsch, alles von ihm ist zutreffend, vom medizinischen Standpunkt aus sowieso. Ich bin das Zielobjekt des Magenbands, das ihm zum Glück und aus der Fresssucht half. Aber manchmal hat man nur einen Satz, den man zeigen möchte, und, wenn der Satz nicht von einem selber stammt: auf den man zeigen möchte. Der Arzt am Tisch im Aufenthaltsraum für Patienten, die präoperative Situation, sie münden für mich in Wittgensteins berühmte Sentenz, die da lautet: »Die Welt des Glücklichen ist eine andere als die des Unglücklichen.« Was für eine Leerformel weit unterhalb des Niveaus gewöhnlicher Gemeinplätze, und dennoch: So wahr, aber so was von wahr!

Stillleben am Inn

Auf beiden Ufern
liegt Schnee.
Nicht so viel,
dass ich sagen könnte,
sie wären »schneebedeckt.«

Eine große Tanne
rechts von mir
deckt den Blick
auf den Fluss zu.

Meine Augen
weichen aus,
ich sehe vor mich hin
ins eisige Wasser.

Der Fluss
ruht in sich,
als wäre in der Dämmerung
auch die Strömung verschwunden.

Am Morgen,
als ich erwachte,
war die Sicht
selbst im Schneegestöber klar.

Jetzt in der Dunkelheit
lösen sich die Eindrücke
ins Ungefähre auf.
Es wird allmählich Nacht.

Auf dem Wasser
sehe ich plötzlich weißes Gefieder.
Zwei Vögel
schwimmen flussabwärts.

Textnachweis

Georg Danzer: »nur a klana bua im winter«. Abdruck mit freundlicher Genehmigung der Erbengemeinschaft von Georg Danzer und Edition Giraffe (Wien)

Ilse Aichinger: »Parkring«, in dieselbe: Kurzschlüsse, Edition Korrespondenzen, Wien 2001. © Ilse Aichinger Erben

»Als ich im weißen Krankenzimmer der Charité«, in: Bertolt Brecht, Werke. Große kommentierte Berliner und Frankfurter Ausgabe, Band 15: Gedichte 5. © Bertolt-Brecht-Erben/Suhrkamp Verlag 1993.

»Der Nachgeborene«, in: Bertolt Brecht, Werke. Große kommentierte Berliner und Frankfurter Ausgabe, Band 13: Gedichte 3. © Bertolt-Brecht-Erben/Suhrkamp Verlag 1993.

Fritz Brügel: Die Arbeiter von Wien (entstanden vermutlich 1927)

Inhalt